△세상은 ∂름다운 난제로 가득하다

김민형

A World Made of Beautiful Problems

╤학자가 세상을 △랑하는 법

수학을 '비인간적인 이성'의 영역으로
여기는 사람들은
과학자들 사이에서도 적지 않다.
나는 그들에게 말하고 싶다.

수학은 뇌가 아니라
마음으로 이해하는 것이라고.

그리고 '이해'란 우리의 마음과
나머지 세상 사이의
평형을 찾는 과정이라고.

머리말

약 5년간 쓴 짤막한 글들을 다시 보았다.
그간 내게 주어진 임무를 제대로 수행하지 못한 것이
너무나 자명하다. 글을 쓸 당시에도 그렇게 느꼈지만
다 모아놓고 보니 창피하다는 느낌이 특히 강하다.
신문 칼럼이라는 것은 발행될 당시의 시사를
어느 정도는 반영해야 하기 때문이다. 그렇지 않으면
굳이 신문이라는 매체를 통해 전달될 필요가 없다.
그런데 나에게는 그럴 실력이 없다. 무엇보다도
평소에 신문을 거의 안 읽는 습관 때문에 시사를
제대로 알고 지내질 않는다. 이 책 여기저기에
시사적인 글들이 발견된다면 그것은 스스로의
무책임을 탈피하기 위해서 없는 실력을 발휘하려고
때때로 노력했기 때문이다. 이 책의 무작위한 글들
가운데서도 그 부분은 특히 품질이 떨어진다는 것을
독자는 곧 발견할 것이다.

그렇다면 무엇 때문에 칼럼을 쓰기로 했을까
궁금할 것이다. 한겨레에서 처음 친절한 제안을
해주셨을 때 나도 당연히 망설였다. 그러다가 신문에
글을 지속적으로 내고 싶은 허영심이 작용했던 것
같다. 물론 그렇게 된 배경에는 나 자신이 글 쓰는
일을 싫어하지 않는다는 다소 웃기는 사실이 숨겨져
있다. 더군다나 칼럼이란 형식은 꽤 강력한 제약
조건이 주어져 있기 때문에 마음대로 쓰는 글에
비해서 훨씬 쉬운 면이 있다.

이 비슷한 이야기를 나 같은 아마추어가 아닌
유명 작곡가에게 듣기도 했다.
"이 정도 길이의 곡을 이런 용도로 써주세요" 같은
부탁은 정말 반가운 일이라고 한다.
그에 비해서 자기만의 창의성을 발휘해야 하면
너무나도 고통스럽다고 한다. 글을 쓸 때도 정해진
분량과 마감일이 있으면 생각이 꽤 효율적으로
정리되는 것 같다. 특히 나처럼 게으른 사람에게는
이 효과가 특히 강력하다.

나와 비교하자는 것은 당연히 아니지만 저널리스트
출신의 소설가는 찰스 디킨스, 윌라 캐더, 이사벨
아옌데, 조라 닐 허스턴, 조지 오웰을 비롯해서
꽤 많다. 그들 중에는 헤밍웨이처럼 신문 기사
스타일이 나중에 다른 글을 쓰는 데도 굉장히 좋은
훈련이었다고 설명하는 사람도 있다. 이런 장점들을
처음부터 어느 정도 의식하고 있었기 때문에도 결국
수행하지 못할 임무를 맡았던 것 같다. 즉, 항상
그렇듯이 주로 이기적인 이유로(내가 재미를
느낀다는 이유로) 칼럼을 쓰기로 한 것이다.

그에 비해, 대부분의 칼럼니스트들이
정치·사회 의식이 강하고 좋은 세상을 만드는 데
기여하기 위해서 상당히 노력한다는 게 평소
나의 생각이다. 나도 약간 기여하는 바가 있었다면,
세상의 사물을 바라보는 수학자의 시각을 설명하려는
의도가 섞여 있었다고 생각하고 싶다. 그런데 그게
정녕 어떤 기여인지는 의문이다.

또 하나, 내 글의 결점을 그동안 많은 사람이 지적해
주었다. 대체로 결론이 없다는 것이다. 그런 비판을
들으면서 나도 어떤 식으로든 결론에 도달하려고
노력한 적이 여러 번이다. 그렇지만 시작한 글의
결론을 주로 나도 모르기 때문에 대체로 실패했다.
스스로 생각할 때 내 칼럼은 '에세이'라고 부르는
것이 더 정확한 분류일 것이다. 수백 년 전 몽테뉴가
사용했을 때처럼 '시도'라는 의미에서다.
(독자는 내 서투른 글을 논하는 마당에 자꾸
유명인사를 들먹이는 것이 못마땅할 것이다.)

어차피 하나의 시도일 뿐이기 때문에 결론이
없어도 좋다는 풍류의 변명을 나 자신에게 해왔다.
어쨌든 평소에도 가끔 '이런 주제로 글을 써보면
어떨까' 생각하며 아이디어를 짧게 기록해놓는
습관이 있었다. 아이디어를 내기는 쉬워도 끝까지
가지고 가기 어렵기 때문에라도 부족한 글로
끝나는 경우가 많았다.

글을 쓰는 일은 당연히 누구에게나 좋은 일이다.
일상과 세상에 대한 이런저런 명상을 구체적으로
하는 시간을 확보할 수 있고, 또 자신의 논지를
정당화하려는 과정에서 공부를 상당히 할 수도
있기 때문이다. 그래서 나에게는 칼럼을 준비하고
쓰는 시간이 주로 즐거웠다.
그런 식으로 쓰인 잡다한 글을 신문에 정기적으로
게재할 기회를 주신 한겨레 기획팀에게 정말 감사
해야 한다.

이런 '시도들의 집합'이 오래 지속되고 또 책으로
나오기까지 많은 사람의 도움이 필요했다. 가령
내 글이 모호하다는 느낌이 들 때면 제출 전에
페이스북에 먼저 게재해서 친구들의 조언을 받은
것이 여러 번이다. 그러나 무엇보다, 내 글들을
모아서 발행할 가치가 있다고 격려해준 김영사의
심성미 팀장의 노력이 가장 큰 요소다.
만약 여기 모여 있는 글 중에 독자가 조금이라도
인사이트를 발견했다면, 어수선한 여러 맥락을
잘 정리해준 심 팀장의 덕분일 가능성이
99.9프로다.

독자도 이 책의 존재에 감사할 이유가 있다.
나 정도의 미숙한 수필가가 이렇게 책도 낼 수
있다는 사실에 많은 사람이 자신감을 얻을 수 있기
때문이다.

2025년 9월
김민형

차 례 (4)

(19)
(23)
(27)
(31)
(35)
(39)
(43)
(47)
(51)
(55)
(59)
(63)
(67)
(71)
(75)
(79)
(83)
(87)

1°

불평과 기쁨 사이:
시대와 문화에
속한다는 것

머리말

펜로즈, 조금 늦게 도달한 특이점
스푸트니크 백신과 소련의 수학 전통
대학은 정량적 평가 대상인가?
에든버러, 맥스웰의 도시
하디-바인베르크 평형의 평형
한국 수학의 한 계단
전쟁, 우크라이나 수학자의 호소
어떤 유럽 수학자의 정체성
파시즘은 무지의 소산인가?
양과 질의 상호보완 관계
시간 측정은 시간에 따라 달라진다
집회, 안정적인 소요
대관령음악제, 문화의 향유와 문화의 소유
수학의 원조는 있는가?
인류를 위한 수학
최고의 시간과 최악의 시간
완벽한 교재라는 환상
여왕의 죽음과 기억의 가치

2°

퇴보와 진보 사이:
이해를 위한
오해가 있다

(93)
(97)
(101)
(105)
(109)
(113)
(117)
(121)
(125)
(129)

3°

배척과 연결 사이:
어울릴 수 없다고
믿었던 것들의 어울림

(135)
(139)
(143)
(147)
(151)
(155)
(159)
(163)
(167)
(171)
(175)
(179)
(183)

위기의 세기, 혁신의 세기
실수를 예찬하다
인종은 분류 가능한가?
한국인 노벨 화학상?
탐구 도구로서의 인공지능
없어진 세상에 대한 향수
단순한 아이디어의 힘
인공지능은 무엇을 할 수 있는가?
로마에 수학자가 없었던 이유
학문은 엄격함으로부터 발전하는가?

최초의 현대 기상학자, 데카르트
원자론, 보이지 않는 것을 보이게
살아 있는 백신 20명의 항해
중세 학자의 이주
근본주의와 실용주의
요즘 이주민 이야기
지정학이 만든 피부색
가장 약한 자들을 위한 연극
불확실성을 견디는 법
밴드왜건에 탑승한 과학의 가치
인공지능을 제어할 인간 지능
유럽의 국경에 핀 하얀 장미
종교와 과학은 대치관계?

(187)
(191)

(197)
(201)
(205)
(209)
(213)
(217)
(221)
(225)
(229)
(233)
(237)
(241)
(245)
(249)
(253)

4°

냉정과 열정 사이:
　　인공지능 시대,
공부하는 마음

정보 홍수 시대의 소통
수학, 이어 쓰는 이야기

마음으로 이해하는 수학
모든 지능에 대한 경외감
수학의 문화적 오차범위
수학적 사고력은 타고나는가?
인터넷 시대의 수학 공부법
무지를 깨닫는 공부
영국, 수학 문맹과의 전쟁
교양 지식의 함정
열정 없는 학생이 웃는다
나쁜 수학 문제란 무엇인가?
성적과 사회성은 반비례하는가?
학벌의 불편한 진실
SF영화 제작비보다 저렴한 화성 탐사
설명하기와 보여주기
비판적 사고의 딜레마

1°

불평과 기쁨 사이: 시대와 문화에 속한다는 것

펜로즈,
조금 늦게 도달한 특이점

　　노벨상 중에 수학상은 없다. 따라서 수학자들은 수학의 다면성을 알리려고 타 분야에서 노벨상을 받은 수학자 이야기를 가끔 할 때가 있다.

　　이런 인물 중에서는 영화 〈뷰티풀 마인드〉의 소재가 됐던 존 내시가 가장 유명할 것이다. 존 내시는 1950년에 제출한 수학 박사학위 논문에서 임의의 경쟁 게임이 진행되면 평형 상태를 이루는 확률적 전략이 존재함을 보였다. 이 논문에서 지금은 '내시 평형'이라고 알려진 개념을 정의했다. 이는 시간이 지나면서 20세기 경제학의 가장 중요한 개념 중 하나로 인정받아 내시는 1994년 노벨 경제학상을 수상했다.

　　2020년에 노벨 물리학상을 받은 옥스퍼드대학교 명예교수 로저 펜로즈는 일생 수학자로 살았다. 그의 주된 연구 결과도 물질적 세계에 파급 효과를 수반하는 엄밀하고 깊이 있는 수학적 정리다. 물론 현대이론물리학은 항상 수학과 밀접한 관계를 유지하면서 발전하지만 펜로즈의 연구만큼 수학이 중심 역할을 한 사례가 노벨상 수상자들의 업적 중에는 없었던 것 같다. (학자의 분야를 가리는 것이 딱히 의미 있는 일은 물론 아니다.)

　　펜로즈의 가장 중요한 업적은 블랙홀의 존재를 예측하는 '특이점 정리'다. 여기서 특이점이란 블랙

훨씬 주시오 밀한다. 조금 더 엄밀하게 이야기하자면 시공간 경로를 따라가는 물질이 시간이 끊기는 현상을 마주하는 이상한 지점이다. 블랙홀 같은 시스템이 아인슈타인의 상대성이론의 프레임워크 속에서 가능하다는 사실은 1917년경 처음 밝혀졌지만 그때는 완벽한 구형 물체의 중력장을 다루고 있었기 때문에 현실성이 없는 것으로 널리 여겨졌다.

그런데 펜로즈에 따르면 특별한 대칭성과 상관없이 시공간 기하의 적절한 성질과 밀도가 충분히 큰 물질 분포를 가정하기만 하면 특이점이 반드시 생겨야만 한다는 것이다. 펜로즈의 특이점 정리는 그가 박사학위를 받은 후 7년이 지난 1965년 런던의 버크벡칼리지에서 일하고 있을 때 발견한 것으로 런던의 어느 건널목을 지나가다가 핵심적인 아이디어가 떠올랐다는 일화로도 유명하다.

펜로즈의 케임브리지대학교 학위 논문의 연구 분야는 대수기하라는 상당히 어려우면서도 고전적인 순수 수학이었다. 그래서 그의 논문들은 항상 기하적인 아이디어에서 출발해서 거시적인 관점과 교묘한 대수의 테크닉을 많이 활용한다. 그가 일반상대론의 새로운 방향을 제시할 수 있었던 이유도 이런 배경지식과 관련 있을 것이다. 즉 그 당시 많은 전문가들이 집중했던 복잡한 계산을 피하고 아인슈타인 방정식의 해의 정성적인 성질을 위상수학적으로 분석함으로써 혁신적인 통찰을 얻어낸 것이다. 약간 다른 이야기를 덧붙이자면 내시의 평형점 존재 정리도 위상수학의 고정점 이론을 사용한다는 것이다. 즉 내시의 평형점과 펜로즈의 특이점 사이에 (약한) 수학적 유사성이 있다는 이야기다.

  수상 후 곧 노벨 홍보진이 진행한 인터뷰에서 펜로즈는 일반인 대상 담화 시간의 절반 정도를 자신의 복잡한 현재 연구를 급하게 설명하는 데 소비해서, 이를 조금 혼란스럽게 느낀 사람들이 있을 것이다. 펜로즈는 기존 천체물리학자들과 달리 우주의 시작과 끝이 있다는 우주론을 믿지 않는다. 오히려 우주의 역사와 미래는, 계속되는 '영겁'으로 나뉜다고 생각한다.

  펜로즈는 영겁 하나의 종말에 모든 물질은 블랙홀에 흡수됐다가 블랙홀이 증발하면서 빛 에너지로 발산되고 거리의 척도가 없어지면서 새로운 영겁의 작은 빅뱅 같은 시초가 형성된다고 주장한다. 인터뷰의 분위기는 펜로즈가 커리어 말기에 경험한 일종의 '과학의 민주성'을 반영하는 것 같기도 하다.

  일평생 명성을 누리며 여러 굵직한 학술상을 받았음에도 불구하고 1980년 즈음 이후에 나온 그의 과학적 이론들은 학계에 큰 영향을 주지 못한 것이 사실이다. 가령 그의 대안 우주론은 주류 천체물리학계의 주목을 거의 받지 못했고 앞으로도 상황이 바뀔 가능성이 별로 없다.

  옥스퍼드대학교 수학연구소에서 그는 과학계

명사로 존경받으면서도 최근 늘어 그의 말을 귀담아듣는 젊은이가 거의 없었다. 학술 세미나 주위를 맴도는 자상한 할아버지의 누추한 모습이 여러 해 동안 그의 전형적인 이미지였다. 과학자 사회에서는 지금 현재 화제가 될 만한 이야기를 내놓지 못하면 상당히 저명한 학자도 외면받기 쉽다. 그래서 펜로즈는 노벨상 수상을 계기로 짧은 인터뷰에서나마 그동안 무시당해온 자신의 기이한 이론을 알리려는 의도를 강하게 표현한 것 같다.

     사람에 따라서는 그 모습을 나이 든 학자의 슬픔으로 볼 수도 있다. 그러나 내가 그의 이야기를 들으면서 느낀 감정은 슬픔과 거의 정반대였다. 위대한 사상가가 과거의 업적에 집착하기보다 미래를 바라보며 자신의 현재 이야기를 들어줄 사람을 열심히 찾는 모습, 그 겸손과 의지와 희망의 뒤섞임이 하나의 숭고한 형상으로 응집돼 있었기 때문이다.

2020. 10. 21.

스푸트니크 백신과
소련의 수학 전통

 세계의 관심이 러시아의 백신 '스푸트니크 V Sputnik V'에 집중됐다. 러시아에서 정부 허가를 내준 것이 이미 2020년 8월이었고 12월 초부터 일반인들에게 투여하고 있었지만 최초 연구 데이터의 불투명성과 대규모 시험의 결여 때문에 유럽과 미국 의학계의 신용을 얻지 못하던 상태였다.

 그러다 3단계 임상 시험의 긍정적인 결과가 권위 있는 의학 저널 〈랜싯The Lancet〉에 2021년 2월에 게재되면서 효력과 안전성이 주류 의학계의 인정을 받았고, 지금은 독일과 오스트리아 등 많은 서방 국가에서도 유럽의약품청EMA의 허가를 기대하며 주문이 늘고 있다. 화이자, 모더나, 코백신 등 여러 백신이 세계 각지에서 사용되면서도 제대로 보급되지 못한 가운데 믿을 만한 도구가 하나 더 생긴다는 것은 정말 반가운 일이다.

 스푸트니크 V 소식이 뉴스에 나왔을 때의 회의적인 반응도 재검할 만하다. 미국이나 영국 같으면 세 단계에 걸쳐서 철저한 제어하에 시험 대상의 수를 천천히 늘려가며 효과의 객관적인 신뢰도를 높인 다음에 허가가 나는 반면, 러시아에서는 훨씬 간략한 절차 끝에 긴급 허가를 내줬다는 것이 의심의 요지였다. 서양 의학자들은 러시아 백신이 부작용이 있을 경우 인명 피해도 비극이지만 국제적으로 다른 백신에 대한 신뢰도까지 떨어질 것이라는 우려를 보건 정책의 관점에서 특히 강하게 표현했다. 그에 대해 백신을 개발한 모스크바의 가말레야연구소장 알렉산드르 긴츠부르크는 백신의 등록과 사용 결정을 옹호하면서 약간의 애국적인 긍지도 표현했다.

그에 따르면 세계적인 팬데믹이 오랫동안 없어 백신 연구가 서양에서는 인기 주제가 아니었던 반면 러시아에서는 국가의 적극적인 지원하에 심층 연구가 계속됐다고 한다. 그렇게 축적된 전문성을 바탕으로 실험 절차를 신속하게 진행할 수 있었다는 것이다. 가말레야연구소는 1891년에 설립됐다. 소비에트 혁명 이후 보건부 산하 연구소가 되면서 소련권 의학 연구의 선구자로 발전했고 세계적으로 천연두를 퇴치하는 과정에서 중추적 역할을 했다.

현재 유럽과 미국에서 팽배한 러시아 푸틴 정부에 대한 적대감도 러시아 백신에 비판적인 시각이 형성되는 데 한몫했을 것이다. 러시아 과학계에 연구 문화 투명성이 부족하다는 비판과 긴급 허가가 정치적인 선전 효과를 노렸을 것이라는 지적은 물론 타당하다. '스푸트니크'라는 이름 자체가 1957년에 서방 국가들에 큰 충격을 줬던 세계 최초 인공위성의 이름에서 따온 것으로 역사의식과 애국심을 동시에 내포한다.

소련이 붕괴한 지 30년이 지난 현재에 많은 사람들이 러시아 과학 기술을 평가절하하는 분위기 속에서도 여전히 러시아 문화권의 창조적인 저력을 믿어 의심치 않는 사람들이 바로 수학 커뮤니티다. 1930년대 이후로 공산 체제 속에서 괴물 같은 천재 수학자들을 꾸준히 키워낸 역사를 잘 알기 때문이다. 소련의 시스템 속에서 교육받은 수학자 중에는 필즈상을 수상한 사람이 8인이나 되고, 시스템이 붕괴되기 얼마 전인 1986년 세계수학자대회가 미국 버클리에서 열렸을 때 초청 연사 80인 중 약 절반이 소련 출신이었다는 점에서도 소련 수학의 위력을 짐작할 수 있다.

소련 출신 수학자들은 서양 수학자들보다 훨씬 기이한 상상력에 기반하여 이론을 전개한다는 것이 내가 대학원 다니던 시절에는 일반 상식이었다. 어떤 교육 시스템이 그런 풍부한 수학 문화를 가능하게 만들었는지 판단하기 어렵지만, 그 여파로 나와 비슷한 세대의 수학자들은 지금도 러시아의 과학적 발견이 보도될 때면 일반인보다도 긍정적으로 반응하는 경향이 있다.

정치와 경제의 흥망을 따라 당연히 문화와 학문도 기복을 겪는다. 1990년 이후로 뛰어난 수학자들이 대거 이민하면서 모스크바와 상트페테르부르크의 수학 문화가 희석된 것은 사실이지만 그 가운데서도 기발한 소련식 학풍의 잔재를 가끔 목격하곤 한다. 다량의 데이터를 처리하는 것이 절대적으로 중요한 현대 생명과학의 조류를 고려하면 이번 백신의 개발 과정에서도 러시아 사회의 수학적 역량이 조금은 기여하지 않았나 싶다.

정치적 경쟁의식과 (때로는 합당할 수도 있는) 편견이 학계에도 영향을 미치지만 세계 여러 지역의 과학자들이 서로를 존중하고 서로에게서 배우려는 자세를 유지하는 것은 중요하고 충분히 가능한 일이다. 이번 스푸트니크 V의 (잠정적) 성공 또한 지역 전통이 체제의 변화를 어느 정도는 초월하면서 세계 과학 문화의 다양성에 지속적으로 기여할 수 있다는 희망적인 관점에서 받아들이고 싶다.

2021. 5. 5.

대학은
정량적 평가 대상인가?

교육 정보 회사 콰콰렐리시몬스QS의 2022년 세계 대학 랭킹이 발표되면서 어김없이 미디어와 대학가의 화제가 됐다. 이런 결과에 으레 따라붙곤 하는 반응들을 여기저기서 볼 수 있다. 학교 홈페이지에 자랑스럽게 높은 순위를 전시하는 대학, 무의미한 서열이라고 무시하고 비판하는 사람, 중요치 않다고 깎아내리면서도 은근히 자기 학교·학과의 순위를 과시하는 교수, '우리는 순위가 왜 이런가' 하며 낮은 랭킹을 개탄하는 다수 등.

이상한 속설도 있다. '세계 대학 랭킹에 신경을 곤두세우는 것은 우리나라의 병폐'이며 '진짜 명문 대학들은 랭킹에 개의치 않는다'는, 귀족은 돈에 신경 쓰지 않는다는 속설과 비슷한 착상일 것이다. 진짜 명문이 무엇인지 모르지만 이는 세계 '유명 대학' 웹페이지들을 잠깐 검색하면 쉽게 반증되는 주장이다.

수많은 세계 대학 랭킹 중에서 QS, 타임스고등교육THE, 상하이자오퉁대학(ARWU: Academic Ranking of World Universities), 세 기관에서 발행하는 것이 국제적으로 자주 언급되는 것 같다. 2000년대 초에 이런 랭킹이 나타난 이후로 학문의 중심지에 위치한 대학이 랭킹을 의식하지 않는 경우는 극히 보기 드물다.

프랑스에서 저소한 성적의 14개 대학을 합병함으로써 마침내 상위권 랭킹에 진입한 파리-사클레대학교의 사례가 대학 순위에 대한 유럽의 반응을 대표한다고 볼 수 있다. 사르코지 정권 당시 랭킹 상승 목적을 공공연하게 밝히면서 시작한 합병 사업이 10여 년간의 우여곡절 끝에 2020년 마무리되면서 수학과의 경우 2021년 QS 랭킹 1위를 차지하는 성과를 거뒀다. (QS와 ARWU는 분야별 랭킹도 발표한다.)

독일에서는 국제적 지위가 높은 대학을 개발할 목적으로 학술재단의 집중적인 지원을 받을 '우수 대학' 선정 사업이 2005년께부터 몇 단계에 걸쳐서 실행됐다. 그리고 마침내 세계 100위권에 진입한 몇몇 대학이 생기는 성공을 거뒀다.

많은 대학이 벤치마킹하는 대상은 영국과 미국의 엘리트 대학들이다. 옥스퍼드대학교는 THE 랭킹에서 지난 5년간 세계 1위를 차지했고 그때마다 학교 구성원에게 그리고 대외적으로 크게 선전해왔다. 물론 ARWU 평가 9위라는 사실은 언급하지 않는다.

기관마다 판단 기준이 약간씩 다르기 때문에 랭킹에 차이가 있고 대학들은 편의에 따라서 자기 대학에 유리한 랭킹을 과시한다. 스코틀랜드 에든버러대학교의 사례처럼 QS 랭킹이 16위, THE 랭킹이 30위, ARWU 랭킹이 42위로 상당한 편차가 나타나기도 한다. ARWU는 교수와 졸업생의 수상 실적에 비중을 많이 두는데 이 때문에 정통성이 있다고 믿는 사람도 있고, 마치 억만장자의 수를 지표로 경제 개발 수준을 판단하는 것만큼 어리석다는 비판도 나온다.

  2021년 6월 8일 자 매사추세츠공과대학교 뉴스에 해당 학교가 10년 연속 QS 랭킹 1위였다는 사실을 선전하는 기사가 나왔다. 미국의 대학들은 세계 랭킹 말고도 자국 내 신문사 US뉴스의 랭킹을 상당히 오래전부터 신경 써서 관리해왔다. 높은 등록금을 정당화할 필요성과 기부금을 주는 동문들에 대한 의존도 때문인지 다른 나라들에 비해서도 유독 랭킹을 중시하는 모습을 보인다. 한 예로 신문사 랭킹에서 큰 비중을 차지하는 경쟁률 상승 전략이 어느 해에 실패한 적이 있었다. 그 때문에 프린스턴대학교 입학처장이 동문들의 비난 세례를 받는 모습을 동문회지를 통해서 본 적도 있다.

  세계 어느 대학도 서열화에서 자유롭기는 어려울 것이다. 복잡한 사회 체제 내에서 대학도 경제적인 객체인 이상 등록금, 정부 지원, 기부금 등 모든 수입원이 경쟁 대상이 되고 그 과정에서 사회의 평판이 작용할 수밖에 없기 때문이다. 참고로 미국 대학들은 자산 규모가 클수록 랭킹이 높다. 영국의 옥스퍼드와 케임브리지는 수백 년 전부터 기부금과 부동산 투자 등 다양한 방법으로 자산을 불려왔다.

  지금처럼 교육 자원의 국제적인 공유와 소비가 일상이 된 세상에서 대학 사이의 경쟁은 더 치열해질 수밖에 없다. 나 같아도 유학을 준비하는 학생이 조언을 구할 때면 발표된 랭킹들을 적당한 수준에서 참고할 것을 권장한다. 여기서의 핵심은 '적당한 정도'를 지혜롭게 결정하는 것이고, 이것은 각 대학의 교수진과 행정부도 해결해야 할 과제라고 할 수 있다.

  서열 속에서의 위치는 공부와 연구에 도움을 줄 만한 수많은 조건 중 극히 일부에 지나지 않는다. 이런 당연한 사실을 염두에 두고 현실적인 담론이 진행된다면 극단적인 신봉도 이념적인 배척도 적당히 지양할 수 있을 것이라고 생각한다.

2021. 6. 30.

에든버러,
맥스웰의 도시

스코틀랜드의 수도 에든버러는 유럽에서 가장 아름다운 도시로 손꼽힌다. 기괴하게 우아한 종교 건축과 다용도 석조 건물이 가득한 전근대 도시의 아담한 골격을 현재까지 보존하고 있다. 19~20세기의 급격한 경제·사회적 변화와 21세기의 진보적인 문화를 흡수하면서도 사방 푸른 자연에 여전히 둘러싸여 있는 분위기는 보기 드문 미학적 평형을 이룬다. 시내에서 멀지 않은 해안 길을 따라가면 해산물이 풍부한 작은 마을과 거친 물결, 그리고 아기자기한 해양생물 보호구역이 도시의 지형을 보완한다.

12세기에 처음 지어진 장엄한 에든버러성은 높은 언덕 위에서 바다를 내려다보고, 그 주위로 기슭을 따라서 각양각색 건물들이 오밀조밀하게 모여 있다. 정상에서 구부러진 골목길을 따라 북쪽으로 내려가면 사람과 차량으로 혼잡한 프린스로가 나오고, 그 길을 건너면 18세기 말부터 19세기 중반 무렵까지 건설된 신도시 '뉴타운'이 시작된다.

조지언 양식의 계단식 건물들이 줄 지어 있는 뉴타운은 스코틀랜드에서 특히 활발하던 계몽주의 경제의 산물이다. 그 당시 부흥한 상인과 장인 계층 시민들의 주거환경을 개선할 목적으로 널찍한 도로와 길쭉한 공원 몇 개를 병행으로 배치해, 지금 봐도 조화롭게 어우러져 있다.

뉴타운 중심부에 있는 인디아로 14번지를 지난주에 찾아갔다. 평범한 외관의 이 회색 사암 건물에서 1831년에 과학자 제임스 클러크 맥스웰이 태어났다. 입구 옆에 붙은 작은 기념패에 전자기학과 관련된 그의 업적이 짤막하게 적혀 있고 "맥스웰로 인해서 과학의 새로운 시대가 열렸다"고 평가하는 아인슈타인의 인용구가 새겨져 있다.

19세기를 대표하는 가장 뛰어난 수리물리학자 중 한 명인 맥스웰은 패러데이, 앙페르, 가우스 등의 실험과 이론을 융합하는 구조적인 프레임을 구축함으로써 정전기, 자석, 전류 등이 근본적으로 전자기장이라는 하나의 현상이라는 사실을 처음으로 명백하게 밝혔고 전자기장의 성질과 변화를 기술하는 방정식 체계를 발견했다.

지금은 '맥스웰 방정식'이라고 알려진 이 이론에 대해서 내가 학부 때 공부한 일반물리학 교재에 전자공학자 존 로빈슨 피어스의 말이 다음과 같이 인용돼 있었다. "실용적인 관심사를 조금이라도 초월한 사람이라면 스스로의 영적인 충족을 위해서라도 맥스웰의 방정식을 이해할 가치가 있다."

맥스웰 방정식의 주요 산물을 딱 하나만 꼽으라고 하면, 많은 과학자가 그로 인해 빛의 기본 성질이 처음으로 밝혀졌다는 점을 이야기할 것이다. 빛이 인간 경험의 근본이라는 사실을 고려하면 이 업적의 어마어마한 파급 효과를 어느 정도 짐작할 수 있다. 세상을 본다는 것은 여기저기서 생성되는 빛이 우주 방방곡곡을 돌아다니다가 우리의 눈에 와서 부딪힌다는 의미다. 그 현상의 본질을 맥스웰이 역사상 처음으로 정확하게 기술한 것이다.

내가 맥스웰이 태어난 집에 간 이유는 지금 일하는 에든버러 국제수리과학연구소가 이 건물의 일부를 방문자 사무실로 임차하기로 했기 때문이다. 나는 현지 답사차 들렀다. 코로나19 때문에 평소에 운영하는 전시실이 오래 닫혀 있는 듯했고, 우리가 사용할 수 있는 공간인 2층의 큰 회의실 두 곳과 3층의 연구실 세 곳만 돌아볼 수 있었다. 복도에 놓여 있는 홍보물 일부를 통해 현 소유주인 맥스웰재단과 건물의 역사에 대해서 약간 알 수 있었다.

1977년에 미국 렌슬리어공과대학교 교수 시드니 로스의 개인 자금을 기반으로 시작한 재단은 과학 연구나 교육과 관련된 작은 규모의 자선 활동을 주로 해왔다. 그러다 1993년 당시 개발 이사장 데이비드 리치 교수의 노력으로 각종 스코틀랜드 산업체의 기부금, 정부의 융자금을 끌어모아 맥스웰의 생가를 사면서 일종의 물질적 밑천과 정통성이 갖춰졌다고 한다.

밀레니엄 행사가 세계 방방곡곡에서 열리던

2000년에 IOP출판사의 잡지 〈물리세계Physics World〉가 물리학자들을 대상으로 '역사상 가장 중요한 물리학자는 누구인가'란 설문조사를 실시했다. 그 당시 맥스웰은 아인슈타인과 뉴턴 바로 다음인 3위를 차지했다. 그런데도 스코틀랜드 사람들 중에 맥스웰의 이름을 들어본 사람은 소수인 것 같다(물론 내가 설문조사를 해본 일은 없다). 그의 업적에 대해서 조금이라도 아는 사람은 지식인 중에서도 드물다.

이런 전통과 여건 속에서 맥스웰재단이 한 개인의 노력으로 설립되고 현재도 적은 기부금과 임대료로 어렵게 운영된다는 사실이 전혀 놀랍지 않다. 가을쯤이면 노벨상이 발표될 텐데, 한국인의 수상 가능성에 대해 온 국민이 관심을 가지고 기대하는 우리나라와 대조됨을 느끼지 않을 수 없다.

2021. 9. 22.

하디-바인베르크
평형의 평형

2022년 대학수학능력시험 생명과학Ⅱ의 한 문항 덕분에 '하디-바인베르크 평형 원리'가 온 세상을 시끄럽게 했다. 이는 이상적인 조건하에 생명체 집단의 유전적 특성의 분포는 세대를 거쳐도 변하지 않는다는 원리다. 19세기 중반 멘델의 실험이 이론의 시작점이다. 멘델은 다량의 녹색 완두콩과 황색 완두콩을 같은 비율로 교배했을 때 차세대 콩이 전부 황색임을 관찰한 뒤 그들끼리 또 임의로 번식시키면 그다음 세대에 다시 녹색 콩이 나타나는 것을 알아냈다. 그런데 3:1 비율로 황색 콩이 여전히 더 많고, 그 뒤로도 세대마다 집단의 크기가 커지든 작아지든 3:1 비율이 계속 유지된다. 이런 비율의 불변성이 여기서 말하는 '평형'의 의미다.

이 현상에 대한 설명은 많은 생물의 유전자가 쌍으로 작용한다는 데서 찾을 수 있다. 부모에게서 하나씩 물려받은 유전자의 쌍이 황-황, 황-녹, 녹-황일 경우에는 겉으로 황색을 띠고 녹-녹 쌍일 때만 녹색으로 나타나기 때문에 비율은 3:1이 된다. 두 '대립 유전자' 중에 황색이 '우성'이라는 개념이 여기서 나타난다. 조금만 더 복잡한 계산을 하면 이 비율이 그 뒤로도 변하지 않음을 확인할 수 있다. 이러한 하디-바인베르크의 계산은 현대적 의미의 유전자 개념이 명확하게 확립되기 전 시대에 멘델의 발견과 다윈의 진화론을 융합하는 과정에서 결정적 역할을 했다.

영국 수학자 고드프리 하디의 이름이 생물학 원리에 붙어 있다는 사실 자체가 상당히 기이하다. (독일의 의학자 빌헬름 바인베르크도 독립적으로 같은 일을 비슷한 시기에 했다.) 하디는 일생 동안 기초 해석학과 해석적 정수론만을 연구했고, '순수'와 '응용'의 구분, 그리고 순수 수학의 우월성을 매우 강하게 주장했던 것으로 알려졌기 때문이다.

하디의 회고록 《수학자의 변명A Mathematician's Apology》은 이상할 정도로 유명해서 젊은 수학도와 일반인에게까지 수학에 대한 잘못된 인식을 심어주는 데 꽤 큰 역할을 해왔다. 그 당시 하디가 영국 지식인의 판에 박힌 스타일로 '수학은 이렇다'라고 자신 있게 쓴 글에서 강조된 순수와 응용 사이의 대립은 지금 보면 별 현실성이 없는 좁은 식견이다.

그런 인물이 생물학 논문을 쓰게 된 경위를 읽다 보면 그 중요한 연구를 낳은 '좋은 배경'과 '나쁜 배경'이 하나씩 있음을 짐작하게 된다. 하디는 유전적 성질의 평형을 설명하는 문제를 1908년쯤 크리켓을 함께 즐기던 친구 유전학자 레지널드 퍼넷을 통해 알게 됐고 한 페이지 분량의 소논문을 곧 저술했다. 여러 분야의 동료들이 생활을 같이하면서 손쉽게 교류할 수 있는 '융합적 환경'이 하나의 좋은 동기를 제공했을 것이다.

옥스퍼드나 케임브리지 교편생활의 가장 즐거운 면이 바로 이렇게 식사를 하든 운동을 하든 다양한 분야의 교수들과 어울리며 쉽게 대화할 수 있는 여건에서 비롯한다. 그래서 마음만 있으면 수학 교수라고 해도 여러 자연과학 분야는 물론이고 문학, 역사, 철학을 공부하며 수준 높은 대화를 항상 나눌 수 있다. 이런 문화가 하디의 연구에 영향을 미쳤을 것은 분명하다.

그런데 내가 생각하는 나쁜 배경이란 영국 학계 특유의 경쟁심이다. 특히 하디 시대에는 케임브리지 대학교가 학생들을 '경주마처럼 키운다'라는 표현이 흔했다. 이런 학문적 경쟁 문화의 중심에는 영국 교육의 경직된 시험 제도가 있다. 영국 교육은 예나 지금이나 믿기 힘들 정도로 시험 중심으로 조직돼 있다. 연말에 한 번 있는 시험을 위해서 거의 1년 내내 준비하는 것은 영국 교수 생활의 상당히 피곤한 일면이다. 시험에 대한 집착은 자연스럽게 과도한 경쟁으로 이어진다. 하디도 그의 회고록에서 공부를 열심히 하게 된 동기를 이야기하면서 "다른 아이들을 시험에서 이기기 위해서"였다는 사실을 숨기지 않는다.

따라서 교수들은 누가 누구보다 똑똑한가를 알게 모르게 의식하며 사는 분위기다(요새 젊은 교수들은 사실 이런 경쟁의식이 훨씬 약한 것 같다). 하디에게도 다른 분야 학자들을 이기고자 하는 욕망이 크게 작용했을 것이고 논문 도입부에 그런 교만이 공공연하게 쓰여 있다. "내가 논의하고자 하는 기초적인 사실이 생물학자들에게 잘 알려져 있을 것으로 기대했었다." 물론 그의 욕망을 실현할 수 있었던 데에는 '운'도 작용했다. 큰 노력 없이 단순한 수학만으로 문제를 해결할 수 있었던 것이다.

     학자들 대부분이 오만과 편견과 숭고한 탐구정신을 하루에도 몇 번씩 변덕스럽게 표현하며 살아간다. 이번 사건은 과학적 발전의 복잡다단한 양상을 다시금 되새길 기회였다.

     2022. 1. 12.

한국 수학의
한 계단

여러 학술 공동체 중에서도 수학자들은 특히 강한 글로벌 연대 의식을 갖고 있다는 인상을 자주 받는다. 그들은 일상적으로 세계 방방곡곡의 동료들과 소통하며 연구를 진행한다. 수학을 주제로 한 국제 학술 행사도 유난히 많다. 코로나19 시기에는 모든 연구 세미나와 학회가 온라인으로 진행돼 여행이 필요 없다 보니 대학의 자체 세미나도 전 세계에서 온 참석자로 구성되는 것이 일상화됐다. 또 북미나 유럽의 웬만한 수준의 대학 수학과 연구진은 UN을 방불케 하는 국제적 다양성을 띠고 있다.

이런 이유 때문인지 독일 베를린에 사무국을 두고 있는 국제수학연맹은 상당히 오래전부터 수학 연구자들의 존경을 받는 단체의 위치를 지키고 있고 세계 수학 문화의 형성 과정에 강력하고 다양한 영향력을 행사한다.

이 단체의 행사 중에 4년에 한 번씩 개최되는 세계수학자대회가 대표적이고, 여러 활동 중에 개발도상국의 수학 연구와 교육을 증진하는 사업이 특히 중요하다. 국제수학연맹의 회원은 개인이 아니고 수학 역량을 어느 정도 갖추고 있는 약 80개국의 대표성 있는 수학협회들이다. 가령 우리나라의 대한수학회가 회원 중

하니다. 수학연맹은 회원국 수학자들의 의견을 수렴하는 과정을 거친 뒤 집행위원회 그리고 전체 회의를 통해서 세계 수학의 발전을 도모하는 결정을 내린다.

약간 특이하게 국제수학연맹은 회원을 다섯 등급으로 분류한다. 등급은 수학 연구 역량과 세계 수학계에 대한 기여도를 기준으로 나뉘는데, 등급에 따라 전체 회의에서 투표할 때 가중치가 부여된다. 그러니까 1등급 국가는 한 표를 행사하고 가장 높은 5등급 국가는 다섯 표를 행사하기 때문에 각 나라의 수학 커뮤니티들은 등급을 중요시하지 않을 수 없다.

따라서 2021년 11월에 시작한 수학연맹의 심사 과정이 2022년 1월 말에 끝나고 한국이 4등급에서 5등급으로 승격됐다는 결정이 발표됐을 때 나는 해외에서 활동하는 수학자로서 국내 수학계의 모든 구성원에게 축하를 보내고 싶었다. 국제수학연맹에서 5등급 국가는 총 12개국에 불과하고 통상 과학 선진 지역으로 간주되는 서유럽에서도 영국, 프랑스, 독일, 이탈리아 등 4개국뿐이다.

사실 우리나라 수학계의 전반적인 현황을 아는 사람에게는 이번 승격이 별로 놀랍지 않다. 가령 (다소 무식한) 정량적 관점으로만 평가했을 때 한국 수학 연구자들의 학문적 생산력이 세계 10위권을 맴돈 지도 꽤 됐고, 많은 국제 수학계 리더들이 한국에서 개최되는 학회에 몇 번씩은 참석했을 만큼 한국 수학은 세계 수학의 주류와 어깨를 나란히 하고 있다. 역량이 뛰어난 연구자들을 모시는 연구 기관이나 대학의 수학과는 나라 전역에 퍼져 있고 한국 출신의 젊은 수학자들은 수학의 중심지에서 눈에 띄는 활약을 보여주고 있다.

    국제수학연맹은 수학자들이 최고의 영예로 여기는 필즈상을 수여하는 기관으로도 유명하다. 우리나라에서는 한국인 필즈상 수상자가 나오기를 상당히 기대하는 것 같다. 그러나 수학 연구 문화의 건전한 발전의 관점에서는 이번 등급 승격이 필즈상 수상보다 훨씬 더 중요하다. 워낙 수가 적은 필즈상 수상자로 수학 역량을 평가하는 것은 마치 억만장자의 수를 세서 나라의 경제 상태를 가늠하는 것과 다름없다.

    그에 비해 수학연맹의 국가 등급 상승은 경제 전체의 균형 잡힌 성장을 보여주는 지표와 비교할 수 있다. 참고로 〈포브스〉에 따르면 전 세계에 억만장자의 수는 약 2,700명이라고 한다. 그에 비해 지금까지 필즈상을 수상한 사람의 수는 통틀어서 60명에 불과하다.

    물론 상을 중요시하는 사람들의 관점이 틀렸다는 것은 아니다. 예를 들자면 경제적 여건도 어렵고 수학연맹의 국가 등급도 1등급으로 최하위인 베트남 출신의 응오바오쩌우가 2010년에 필즈상을 받은 일은 큰 중요성을 지니고 있다. 그 나라 교육과 문화의 특이한 강점을 시사하는 바가 있고, 응오바오쩌우는 그런 업적을 발판으로 베트남 수학의 발전에 크게 기여하는 것이 분명하다. 그는 현재 미국 시카고대학교의 석좌교수다. 베트남 수학연구소장도 겸임하고 있어서 상당 기간을 베트남에서 지내며 베트남 사회 교육과 학술 활동의 질적인 향상을 위해 애쓰는 중이다.

그러나 나는 한국 수학 커뮤니티의 전체적인 성숙도에 훨씬 관심이 많다. 한국 정도 수준의 나라에서 필즈상 수상자를 애타게 기다릴 필요가 전혀 없다는 사실을 이번 국제수학연맹 등급 상승이 다시금 증명한 듯하다.

2022. 2. 9.

전쟁,
우크라이나 수학자의 호소

며칠 전 러시아 출신 수학자인 하버드대학교의 데니스 가이츠고리에게서 이메일을 받았다. 우리 세대 수학의 전설적인 거물 중 하나인 블라디미르 드린펠트가 쓴 것이었다. 그는 세계 수학자들에게 우크라이나의 다급한 상황을 알리면서 자선단체들을 통해서 우크라이나에 기부금을 보내줄 것을 당부했다.

드린펠트는 우크라이나가 낳은 최고의 수학자라고 불릴 만한 인물이다. 그는 1954년 하르키우에서 태어나서 1960년대 말에 이미 학술지에 연구 논문을 기고할 정도로 신동의 자질을 타고났다. 그는 소련 수학 연구의 중심지 모스크바대학교로 유학 가서 학부와 박사 과정을 마친 후에 하르키우로 돌아와 1981년부터 1999년까지 저에너지물리학연구소에서 일했다. 소련의 학문 시스템에서는 수리과학의 의미가 광범위했기 때문인지 수학자들은 상당히 다양한 직장을 배정받았고 대부분의 사람들은 어떤 정규직이라도 구할 수만 있으면 고맙게 생각하는 경향이 있었다.

드린펠트는 하르키우에 사는 동안 세계적으로 주목받는 논문을 여러 편 저술해서 1990년에 수학자들이 최고의 영예로 간주하는 국제수학연맹의 필즈상을 수상했다. 1990년대 초에 소련이 붕괴되면서 동구권 수학자들이 미국과 서유럽으로 홍수같이 밀려 나오는 중에도 재야의 고독한 학자 성격이 강한 드린펠트는 큰 흔들림 없이 하르키우에서 연구를 계속하다가 1999년에 시카고대학교의 석좌교수로 임용되면서 결국 고향을 떠났다. 여행조차 극히 꺼리던 드린펠트가 이민한 것은 세계 수학자들을 놀라게 하는 큰 사건이었다.

드린펠트의 가장 놀라운 업적은 수학적 대칭성을 나타내는 대수적 구조인 '군'이라는 개념을 양자역학의 불확실성 원리와 결합해 만든 '양자군' 이론의 개발일 것이다. 이 이론은 양자 통계역학의 주요 시스템을 분석하는 새로운 방법론을 제시했고, 수학 내에서는 대수와 거리가 멀 것 같은 위상수학의 기반을 혁명적으로 재구축한 '위상양자장론'의 개발에서 핵심적 역할을 했다.

드린펠트는 국제 수학의 주류 연구에 지속적으로 집중했지만 고향을 떠나기 싫어하는 성향이 그의 독창성에 상당히 기여한 것 같다. 물론 소련 수학 문화의 깊고 다양한 저변에 힘입은 바도 클 것이다.

우크라이나 출신의 뛰어난 수학자는 드린펠트 외에도 여럿이다. 20세기 수학의 대부라고 할 만한 이스라엘 겔판드(1913~2009), 이고리 샤파레비치(1923~2017), 블라디미르 아르놀트(1937~2010)가 각각 헤르손, 지토미르, 오데사에서 태어났다. 세 명 모두 20세기 최고의 수학자를 꼽으라면 많은 사람의 목록에 등장할 만한 거장들이고 소련 수학 특유의 풍성한 독창성이 형성되는 과정에서 중심적인 역할을 한 인물들이다.

여기서 이들이 '진짜 우크라이나인'인가 묻는 사람이 있을 것이다. 그런데 사람은 대부분 복잡한 혈통과 문화적 조류 속에서 태어나고 자라고 배우기 때문에 나는 이 질문에 별 의미를 부여하지 않는다. 우크라이나에서 태어났거나 지역적으로 깊은 연고가 있는 사람은 그곳 사람으로 분류하는 것이 정당하다고 본다.

역사를 거슬러 올라가 19세기 학자들까지 돌아보면 전자기학의 맥스웰 방정식 중 두 개와 거의 동치 관계에 있는 미적분학의 '발산 정리'를 처음 증명한 사람인 미하일 오스트로그라드스키(1801~1862)가 우크라이나의 크레멘추크에서 태어났다. 그가 기원이 모호한 유라시아 유랑민족 코사크의 후예일 것이라는 추측이 그 지역 사람들의 인종적 복잡성을 잘 표현한다.

지금 현재 활동하는 수학자 중에서는 스베틀라나 지토미르스카야(1966~)가 하르키우 출신이고 마리나 뱌조우스카(1984~)가 키이우 출신이다. 두 사람 모두 2022년 세계수학자대회에서 기조 강연을 하기로 예정돼 있고 뱌조우스카는 이번에 유력한 필즈상 후보다.

4년에 한 번씩 개최되는 세계수학자대회는 2022년에 러시아 상트페테르부르크에서 열릴 예정이었다. 전쟁이 일어나자 국제수학연맹은 긴급회의를 소집해 계획을 취소하고 의회의 모든 강연을 비대면으로 진행하기로 결정했다. 2014년에 서울에서 세계수학자대회가 개최됐을 당시에 수상자들은 박근혜 전 대통령에게서 필즈상을 받았다. 2022년에는 어쩌면 푸틴이 필즈상 시상자로 나설 수도 있었다. 최근 대화에서 어떤 러시아 수학자는 원래 계획대로 의회가 러시아에서 열렸더라면 푸틴이 전쟁 중에 우크라이나 수학자에게 상을 수여하는 기이한 드라마가 연출됐을 것이라며 씁쓸한 표정을 지었다.

    2022. 3. 9.

어떤 유럽 수학자의
정체성

지난주 목요일에 내가 일하는 에든버러 국제 수리과학연구소에서 유럽수학회 창립 30주년 기념 학회가 개최됐다. 행사는 학회장을 맡고 있는 독일 수학자 폴커 메어만의 강연으로 시작해서 루마니아 수학자이자 유럽수학회상 수상자인 아나 카라이아니의 컬로퀴엄, 그리고 코로나19 관련 전염병 수학을 주제로 한 강연으로 이어졌다.

나는 2019년에 타계한 영국 수학자 마이클 아티야의 추모 강연을 맡았다. 이 학회는 원래 2020년에 열릴 예정이었기 때문에, 유럽수학회의 설립에 앞장섰고 초대 회원이기도 했던 아티야를 추모하는 강연이 계획됐던 것이다. 강연을 준비하면서 행사에 걸맞게 유럽의 정체성을 숙고할 기회를 가졌다.

마이클 아티야는 20세기 수학 거장 중 한 사람이다. 그는 일생 동안 수학자가 누릴 수 있는 거의 모든 영예를 누렸다. 1966년에는 수학자에게 최고의 영광인 필즈상을 받았고 2004년에는 노르웨이 정부가 '수학의 노벨상'을 목표로 만든 아벨상을 받았다. 그의 가장 유명한 업적인 '지표 정리'는 미분방정식 이론과 위상수학을 융합한 것으로 20세기 후반의 수학과 물리학에 지대한 영향을 미쳤다. 일생 동안 옥스퍼드와 케임브리지를 오기까지 교수 생활을 한 그는 왕립과학원 회장, 트리니티칼리지 학장을 역임했고 인생 후반기의 약 20년 동안 에든버러대학교의 명예교수로 지냈다.

　　내 강연의 주제는 아티야의 위대한 학문적 업적이 아니었다. 그보다는 '세계적인 수학자'이기 전에 '세계인'이었던 그의 정체성을 유럽수학회 회원들과 논하고자 했다. 아티야는 1929년에 런던에서 레바논 출신 아버지와 스코틀랜드인 어머니 사이에서 태어났다. 그의 아버지는 수단의 수도 하르툼에서 일하는 공무원이었기 때문에 아티야는 그곳에서 초등학교를 다녔고 이집트의 알렉산드리아에 있는 빅토리아칼리지에서 중등 과정을 수학했다. 그 뒤 영국 맨체스터그래머스쿨에서 고등학교를 마치고 케임브리지대학교에서 학부와 박사 과정을 밟았다.

　　그는 어릴 때부터 여행이 몸에 배어 있었던 것이 확실하다. 온 가족이 영국과 수단 사이를 부단히 오갔고 소년기에도 동생과 단둘이 하르툼에서 아버지의 친척들이 살던 베이루트, 고모가 살던 팔레스타인까지 자주 기차 여행을 했다고 한다. 지금은 사라져버린 비교적 평화로운 세상이었다.

　　아티야는 자신의 인생 동안 큰 문화권의 분열을 몸으로 느꼈을 것이고 그 분열이 초래한 여러 분쟁의 아픔을 공감했을 것으로 짐작할 수 있다. 그의 어린 시절 경험은 우리가 당연하게 여기는 국경과 지역의 구분이 영원하지 않을뿐더러 대체로 그다지 오래되지도 않았다는 사실을 보여준다. 아티야는 실제로 지중해 변두리가 유럽과 아시아와 아프리카로 나눠진 현실을 대단히 이상하게 느끼는 것 같았다. 고대로부터 뚜렷한 구분이 없었던 문화권이 지금같이 갈라진 이유를 나와의 대화 중에도 자주 논하곤 했다.

  내가 아티야를 알고 지낸 것은 그의 인생 마지막 3년간이었다. 정수론과 물리학의 교점에 대한 공통의 관심사 때문에 그가 나를 에든버러에 초대한 이후 우리는 빈번한 이메일 교신과 대화를 통해서 생각을 공유했다. 그를 처음 만난 직후 내가 가장 놀란 면은 그에게서 아랍인의 정체성이 넘쳐난다는 사실이었다.

  학계에서 가장 인정받는 주류 영국 수학자로만 생각했던 사람이 중동과 아프리카에서 자란 어린 시절 이야기를 즐겨 하고 이슬람 문명의 역사를 상세히 논하는 것을 보며 감탄했다. 쾌활한 성격 속에 숨어 있는 인간적 복잡성도 어느 정도 엿볼 수 있었다. 즉, 그만큼 각광받은 학자도 유럽인으로서의 정체성을 찾기가 쉽지만은 않았을 것이라고 점차 파악했다. 참고로 그의 아버지는 이슬람 문명과 유럽의 관계에 지대한 관심이 있었고 옥스퍼드유니언에서 이스라엘과 아랍인에 대한 격한 토론에 참여하던 중 심장마비로 죽었다.

  얼마 전 런던수학회 이사회에서 놀라운 통계를 하나 알아냈다. 이사회의 멤버 중 백인이 아닌 사람은 내가 역사상 두 번째라는 사실이었다. 첫 번째가 바로 아티야였다. 나는 유럽수학회 설립 30주년을 맞이하며 모든 회원에게 당부하고 싶었다. 유럽 수학자의 정의를 너무 좁게 규정하지 말라고.

분쟁과 이민 문제, 또 공동의 적이 생겼다는 각성 때문에 요새 다시금 유럽의 정체성을 좁게 생각하는 분위기가 만연한 시기다(최근 세계로 가는 문을 열고 있는 한국은 가끔 유럽에서 나타나는 폐쇄적인 면을 본받지 않도록 조심해야 한다). 다행히도 그날 모인 수학자들은 모두 이 조언에 귀 기울이며 공감을 표했다.

2022. 4. 6.

파시즘은
무지의 소산인가?

스코틀랜드 작가 뮤리얼 스파크의 소설을 1969년에 영화화한 〈미스 진 브로디의 전성기The Prime of Miss Jean Brodie〉는 작게는 1930년대 에든버러, 크게는 그 당시 유럽의 정치·사회적 위기를 배경으로 한 시대극이다. 도시의 사립 여학교에 다니는 학생들의 일상적인 공부와 낭만, 선생님들 사이의 교제와 갈등, 에든버러의 고풍스러운 도시 전경 등 여러 요소가 조화롭게 합쳐져 줄거리를 이끌어가지만 영화의 진짜 주제는 유럽 파시즘의 부상이다.

주인공 진 브로디는 개성미가 넘치는 열정적인 교육자로, 수업과 생활에서 극적인 말씨와 우아한 품성으로 학생들의 지적·문화적 본성을 자극하는 특이한 소질의 소유자다. 그는 예술적 감수성을 중시해서 미술과 음악은 물론이고 교육의 모든 면은 극도로 창의적이어야 한다는 신념이 투철하다.

가령 그에게 역사는 영웅심과 낭만으로 가득한 모험담이지 학구적 연구 대상이 아니다. 그의 입장에서 볼 때 기계적 사고 영역인 수학 수업은 당연히 교육정책이 강요하는 시간 낭비일 뿐이다. 진 브로디는 영국 시인 존 키츠처럼 진리와 아름다움을 동일시하는 세계관을 끊임없이 가르치며 아이들에게 깊은 영감을 심어주는 인기 있는 선생님이다.

영화의 상당 부분이 진 브로디와 어린 학생 개개인의 감수성을 조명한다. 많은 관람객이 영화를 사춘기 여학생들의 수다와 감정적인 격동이 빚는 교정 드라마 정도로 기억하는 것은 그 때문일 것이다. 그러나, 진 브로디가 무솔리니와 프랑코를 진심으로 숭배하는 파시스트라는 어두운 사실이 밝혀진다.

굳이 분석하자면 진 브로디의 교육 철학은 이성을 의심하고 감성을 강조하며, 유럽의 예술적인 문화유산이 과학 문명이 팽배한 현대에 평가절하되는 조류를 정열적으로 비판한다. 작가는 진 브로디 선생의 매력과 무솔리니나 히틀러의 카리스마를 비교하려고 했을 가능성이 크다. 다만 보통의 묘사와 다르게 이 영화의 주인공인 파시스트는 난폭한 악당이 아닌 극도로 문화적인 인물이기 때문에 제2차 세계대전 무렵의 사회 양상을 그린 수많은 영화 중에서도 주목할 만하다.

정치와 문화는 동서양을 막론하고 예로부터 불가분의 관계라고 인식됐지만 20세기 유럽은 두 번의 세계대전, 그리고 나치즘과 파시즘을 겪으면서 이 주제를 사회적으로 숙고하지 않을 수 없었다. 전쟁의 원흉을 일시적인 야만성으로 여겨버리면 편하겠지만 당연히 그보다 훨씬 복잡한 인간·사회·경제·문화적 요소가 엮여 비극을 만들어낸다. 자기 자신을 야만으로 간주하는 침략자는 없다. 무솔리니는 로마제국의 영광을 되찾겠다는 꿈을 국민에게 선포했고, 나치는 독일인이 고대 그리스의 후예라는 억지스러운 소설을 공식화하면서 기이한 역사적 향수를 지배 이념에 끌어들였다.

독일이나 이탈리아에서 나치즘과 파시즘에 매료된 지성인과 예술인이 많았던 것은 쉽게 분석할 수 있는 현상이 아니었지만 이상화한 과거에 대한 향수, 그리고 현대 문명에 대한 혐오가 공통점으로 작용한 것만큼은 분명한 것 같다. 근대 유럽의 가장 무서운 정치 사조들과 이른바 '고급문화'의 밀접한 관계는 지식인들이 정직하게 바라보기 어려워하는 역사적 현실이다.

지금 미국 정치에 만연한 양극화 역시 문화적 갈등의 영향으로 인식된 지 오래됐다. 교육·종교·인간관계 등을 관할하는 수많은 시대의 움직임에 개인이 어떻게 대응하느냐가 사회 계층과 파벌의 형성으로 이어지고 결국은 정치판의 대립으로 표현된다. 미국 트럼프 행정부의 여러 인물이 지금 특히 '문화적 다양성'과 관련한 모든 정책과 사회 풍조를 공격하게 된 배경이기도 하다.

그 와중에 가끔 진보 진영에서는 도널드 트럼프 쪽 인물들의 무지에 책임을 전가하려는 경향을 보인다. 그러나 트럼프와 부통령 제이디 밴스 그리고 정부효율부를 지휘하는 일론 머스크는 모두 미국의 명문 대학을 나왔다. 트럼프의 '실리콘밸리 동료'로도 불리는 사업가 피터 틸은 스탠퍼드대학교에서 철학을 공부하며

들은 프랑스 철학자 르네 지라르의 '모방 이론'을 자기 인생의 가장 큰 영향 중 하나로 꼽는다.

  파시즘의 근원을 몇몇 요소만으로 설명하려는 이론은 아무리 저명한 사상가의 주장이라도 의심해봐야 한다. 사회적 재앙을 무식의 소산으로 간주해버리려는 유혹이 지식인들 사이에서 특히 흔하게 일어나는 것 같다.

  2025. 3. 19.

양과 질의
상호보완 관계

레온하르트 오일러는 18세기 중요한 과학자 중 하나다. 그는 정수론과 기하학·함수론·역학·천문학·화성학·항해술에 이르기까지 과학과 기술에서 다방면으로 연구 업적을 남기면서 유럽 전역에 명성을 떨쳤다. 현대물리학의 거의 모든 분야에서 기반이 되는 '최소 작용의 원리'가 오일러-라그랑주 방정식이라고 불리는 것만으로도 그의 영향력을 짐작할 수 있다(라그랑주는 오일러의 제자였다).

그는 또 엄청나게 생산적인 학자였던 것으로 유명하다. 평생 약 900편의 책과 논문을 남겼는데 1726년부터 1800년까지 유럽에서 발행된 수학, 이론물리학, 역학 논문 중 약 3분의 1을 오일러가 썼다는 주장이 있을 정도다.

이 논문들 중 현재 과학자들이 읽는 것은 거의 없다. 오일러의 영향이 과학 문화에 전반적으로 스며들어 있어서 원문을 직접 읽을 필요가 없기 때문이다. 그러나 다른 한편으로는 오일러 논문의 대부분이 지금 학자들이 관심을 가질 만한 지속성이 없었던 것도 사실이다. 가령 바람 속 풍차의 운동, 방정식의 허수근에 대한 명상, 어떤 특정한 도박 게임에서 물주의 승산, 반사 망원경 제조법의 향상 등 어떻게 보면 재미있지만 길이 기 어떤 민횐 과학직 중요성을 가늠하기 어려운 논문이 대부분이다.

또 하나 두드러진 점은 오일러가 같은 주제로 비슷한 논문을 여러 편 썼다는 것이다. 지금 시각으로는 단순해 보이는 대수 방정식 문제에 대해 1780년에만 10여 편의 논문을 썼다. 아이디어를 개발하다가 생각이 약간씩 정리되고 명료해지면서 점차 이론으로 발전하는 과정을 여러 편의 논문으로 남겼을 것이다.

20세기 가장 유명한 과학자 알베르트 아인슈타인은 사회·정치적 에세이 다수와 책도 몇 권 썼지만 순수 과학적인 주제로 발행한 학술 논문만 300편 이상이다. 아인슈타인은 1900년대 초부터 죽기 직전인 1955년까지 계속 논문을 썼으니까 평균적으로 1년에 여섯 편쯤 썼다는 이야기다.

1905년은 보통 아인슈타인의 '기적의 해'였다고 알려져 있다. 양자역학의 기초가 된 광전효과 논문, 원자의 존재를 결정적으로 보여준 액체 속 미세물질의 브라운운동 논문, 특수상대성이론을 개발하여 맥스웰 방정식에 적용한 논문, 질량과 에너지의 등가성을 보인 $E=mc^2$ 논문 등 네 편 모두 그해에 발행됐기 때문이다. 그야말로 인류의 역사와 우주관을 완전히 바꿔놓은 업적들이다. 1905년의 또 다른 기적은 그해에 아인슈타인의 다양한 발행물이 총 25편이나 나왔다는 것이다. 위의 네 편을 제외한 나머지 글은 거의 다 열역학에 대한 것이어서 유명한 논문 네 편과의 직접적인 연관성을 찾기 쉽지 않다. 이 논문들은 현재 거의 읽히지 않는다.

어느 사회에서나 학자들의 역량을 평가해야만 하는 상황이 있고 이때 학문적 생산성을 어느 정도 고려하게 된다. 가령 교수 임용 절차에서 지원자들을 비교할 때 지속적으로 논문을 쓴 기록이 없는 학자는 대체로 불리한 것이 현실이다. 이런 평가의 정당성은 당연히 논란의 대상이 되고 질적인 평가보다 양적인 평가가 지배하는 세태에 대한 불평 또한 끊이지 않는다. 물론 논문 편수에 대한 과한 의존은 부작용을 수반하고 맹목적인 생산성 추구는 많은 사람과 사회를 불안하고 불행하게 만든다.

그러나 학자 커뮤니티의 전반적인 양상을 살펴보면 양과 질 사이의 갈등이 별 현실성이 없는 담론임을 쉽게 알 수 있다. 질이 뛰어난 논문을 쓰는 학자는 대체로 생산적이기도 하기 때문이다.

그보다 더 중요한 점은 학문의 발진 과정이 효율적일 수만은 없다는 것이다. 좋은 결과가 하나 나오기까지 학자는 많은 습작을 창출하고 오류를 여러 번 범하며 상당한 시간을 '낭비'하기도 한다. 1905년에 아인슈타인이 쓴 21편의 잊힌 논문들과 네 편의 걸작 사이의 관계가 복잡하다. 가령 열역학에서 알게 모르게 중요한 '좌표 변환'의 개념이 상대성이론의 개발에 결정적인 영향을 줬을 수도 있다. 직접적인 관계를 찾기 어려운 논문들도 간접적으로 엮여 있는 경우가 흔하다는 이야기다.

창작물 사이의 복잡한 관계는 한 개인에게만 국한된 것도 아니어서 어느 무명 학자의 사소한 예비정리가 유명 수학자의 중요한 이론 체계에 흡수되는 일은 허다하다. 한 사람 혹은 다수의 천재라도 아이디어의 공동 생산이라는 뒷받침 없이는 할 수 있는 일이 극히 제한돼 있기 때문이다. 즉, 생산의 양과 질은 대치하기보다 상호보완적인 관계를 유지하는 것이 보통 학문과 사회의 현실이다.

2021. 12. 15.

시간 측정은
시간에 따라 달라진다

　　최근 '만 나이'와 '세는나이'에 관한 사회적 담론이 한창이다. 둘 사이의 차이가 그렇게 큰 것도 아니어서 적당히 병행해도 괜찮을 수 있겠지만, 뉴스에 보도된 질문인 '만 나이로 통일하면 정년이 늦춰지는가'만 봐도 나이 기준의 법적인 파급 효과를 짐작할 수 있다. 점점 사회 규모가 커지고 구조가 복잡해지면서 그에 따른 (국제적) 정형화가 필요해지고 다수의 객관적이고 정량적인 정보가 중요해진다.

　　수학자 입장에서는 나이에 대한 담론이 '수'의 중요성을 보여주는 아주 간단한 예로 보인다. 이 정도의 기초적인 문제로 수학의 중요성을 강조하는 것을 억지스럽게 느끼는 사람도 있겠지만, 그 자체를 수학 교육의 성공 사례로 생각하는 나로서는 그런 비판을 기뻐하지 않을 수 없다. 누구나 수에 익숙해지고 정량적 정보를 자유롭게 공유할 수 있는 것은 문맹률이 0이 되는 것만큼 좋은 일이다.

　　사실 나이는 가장 기초적인 종류의 '시간 측정'이기 때문에 훨씬 광범위하고 심오한 개념과 쉽게 연결된다. 예를 들면, 아인슈타인의 특수상대성이론을 처음 배울 때 소위 '쌍둥이 역설'을 접한다. 둘 중 한 사람이 빠른 속도로 우주여행을 하고 돌아오면 지구에 남아 있던 사람보다 나이가 적다는 사실이다. 그러나 그 정도의 고등한 이론까지 안 가더라도 시간 측정과 관련된 고민은 인류와 역사를 같이해왔다.

  과거로 거슬러 올라갈수록 일상생활에서의 정확한 시간의 중요성을 파악하기 어렵다. 가령 보통 사람이 자신의 나이를 어느 정도로 정확하게 알아야 했을까 궁금해진다. 실천민속학 분야의 한 논문에 따르면, 1296년 고려 충렬왕의 환갑이 국사에 나온 첫 번째 환갑 기록이라고 한다. 그러나 왕의 환갑이 기록된 것과 농민의 나이가 추적되는 것은 상당히 다르다. 일반인의 인식이나 생활 관습은 대체로 기록되지도 않고 온갖 근거 없는 이론의 대상이 되기도 하므로 역사학의 어려운 과제이기도 하다.

  일상생활에서 '객관적인 시간'의 중요성은 더욱 모호하다. 가령 '중세 유럽인은 연도를 알았는가?' 같은 질문엔 답하기 어렵다. 많은 나라에서 'XX왕 즉위 Y년' 같은 기준을 사용하기도 했지만, 중앙집권이 약했던 대부분 지역에서 일반인이 그 정도의 보편성 있는 시간을 인식하고 있었을지도 의문이다.

  유럽 달력의 역사만 보더라도 시간 측정이 사회·종교·일상생활 등과 얼마나 복잡하게 얽혀서 변해왔는지를 짐작할 수 있다. 자연이 결정하는 주기에는 세 가지가 있다. 지구 자전 주기인 하루, 달 공전이 결정하는 한 달, 지구 공전 주기가 정하는 한 해가 그것이다.

그러나 이 세 가지 사이의 비율이 딱 떨어지지 않는다는 사실이 상당한 고민의 대상이 돼왔다. 1년을 딱 365일로 정할 수 있으면 좋겠지만 지구가 한 번 공전하는 데 약 365.25일이 걸린다. 그래서 로마의 율리우스 카이사르 시절, 4년에 한 번씩 오차를 정정(하루를 추가)해주는 '윤년'을 제정했다. 그러면 4년 동안 1년의 평균은 정확하게 365.25일이 된다.

그러나 1년을 정확하게 측정하면 365.2422일이기 때문에 365.25를 기준으로 한 윤년을 계속 사용하면 달력의 1년이 자연의 1년보다 약간씩 길어진다. 그 때문에 325년에 니케아 종교회의에서 정한 춘분 3월 21일과 실제 춘분이 1582년에 이르러서는 10일이나 차이가 났다(부활절을 정하는 데는 춘분이 중요하다). 이를 보완하기 위해서 제정된 그레고리언 달력에서는 100년에 한 번씩 윤년을 거르고 400년에 한 번씩 다시 넣는 복잡한 방법을 사용한다. 물론 이렇게 해도 아주 긴 시간이 지나면 오차가 조금씩 축적된다.

중세 유럽인의 시간관은 교회와 관계가 깊었을 것이다. 일과를 관할하는 종소리부터 명절과 연도의 측정까지, 때로는 교황 같은 높은 인물 혹은 교구의 신부한테라도 의존하는 경우가 많았다는 이야기다. 요점은 우리 주위를 둘러싼 매우 많은 정량적 정보가 한때는 다 전문가의 영역이었다는 것이다. 지금은 교육과 기술의 효과로 누구든지 중세 전문가의 지식보다 훨씬 많은 정보를 쉽게 접힐 수 있나.

그렇다면 먼 미래에는 시간을 얼마나 정확하게 측정하고 또 인식하게 될까? 오차는 완전히 사라질까? 모든 사람이 분 단위까지 자기 나이를 측정해야 할 필요가 있고, 그것을 쉽게 인식할 수 있는 기술이 일상화되고, 우주여행 때문에 일어나는 시간의 차이를 어떻게든 다뤄야 할 수도 있다. 그것은 굉장히 삭막한 세상일 것이라고 걱정하는 사람도 물론 있을 것이다. 그러나 이런 모든 변화는 익숙해지기 나름 아닐까.

2023. 1. 11.

집회,
안정적인 소요

2024년 12월 3일 계엄 선포 이후 곧 반대 시위 영상들이 소셜미디어를 통해 세계를 돌아다녔다. 그중 특히 관심을 끈 짧은 영상에는 한 시민이 다가오는 군인을 붙잡고 몸을 돌리며 밀어내는 장면이 담겨 있었다. 그 장소에 모여 있던 시민과 군인이 서로를 해칠 의도가 없다는 손동작도 보였다. 내가 아는 미국인 여럿이 그 영상을 보고 감탄했다. 무엇보다도 미국이라면 그 시민이 당장 총에 맞아 죽었을 것이라고 대부분 생각했다. 이번 민주 시위를 담은 영상들은 대체로 그런 모습이었다. 그렇게 많은 사람이 참여했는데도 모든 집회는 질서정연했고 군·경찰과 시위대 사이의 접촉은 부드러웠다.

12월 4일 새벽에 계엄이 신속하게 해제되기까지 일반 군인들의 암묵적인 협조가 중요했다는 이야기도 많다. 한국에서는 이번 같은 중대 사태가 아닌 일상 치안에서도 경찰의 폭력이 문제가 되는 일은 드문 것 같다. 반면 독일 데이터 회사 스태티스타 자료를 보면 미국 경찰에 의해 사살당하는 사람이 연평균 1천 명가량 된 지는 꽤 여러 해가 됐다(2023년에는 1,164명이었다).

어떤 사회 현상이든 자신 있게 '이것 때문'이라는 주장은 항상 주의해서 봐야 한다. 현상들 사이의 상관관계를 사회 복잡계 안에서 객관적으로 조사하기 힘들고, 또 많은 이가 자기 선입견과 부합하는 상관관계는 쉽게 인과관계로 규정하지만 마음에 들지 않으면 증거를 캐묻곤 한다. 그러나 술렁이는 분위기와 정치적 대립이 눈에 띄는 상황에서도 한국 사회 구성원들의 상호 신뢰 자체는 상당히 강하다는 인상을 이번에 받지 않을 수 없었다.

이번 계엄은 40년간 외국에 살면서 한국 정치에 익숙하지 않은 나에게도 상당한 충격이었다. 그러나 계엄이 해제되기까지의 몇 시간을 제외하면 탄핵소추안이 가결되던 날까지 심각한 걱정을 거의 안 했던 게 솔직한 심정이다. 12월 7일에 1차 탄핵 투표가 무산됐을 때에도 곧 다시 발의가 있을 것이라는 발표를 보고 '그럼 큰 문제가 없겠네' 했던 것이 나의 반응이었다. 달리 표현하면 국민이 문제를 잘 해결할 것이라는 '선입견'이 한 번도 흔들릴 이유가 없었다.

이것은 당연히 무책임한 태도이고 자주 한국을 방문해 학술 활동을 하는 사람으로서 다른 이들의 노력에 기대어 산다고 비판을 받아 마땅하다. 그러나 또 한편으로는 재외 국민이 들여다본 한국의 모습이 사회 내에서 경험할 때보다 훨씬 안정적으로 느껴질 수도 있다.

민주주의를 측정하는 지표가 여기저기서 인용되지만 객관적인 척도를 마련하기 어렵다는 것은 대부분의 정치학자가 아는 사실이다. 영국 시사지 〈이코노

미스트〉는 '선거 절차와 다원주의' '정부의 기능' '정치적 참여' '정치 문화' '시민적 자유' 다섯 개 카테고리로 분류된 60개 질문으로 주관적인 전문가 평가를 취합해서 '민주주의 지표'를 만들어낸다.

  그 지표에 따르면 2023년 세계에서 가장 민주적인 나라는 노르웨이였고 한국은 22위였다. 참고로 영국은 18위, 미국은 29위였다. 이에 더해 현재 지표를 넘어선 민주주의 안정성도 당연히 관심 대상이다. 사회는 온갖 압력이 맞물린 평형 속에서 현 상태에 이르렀기 때문이다. 그렇다면 물질세계를 과학적으로 기술할 때와 마찬가지로 이러한 사회적 평형이 얼마나 안정적인가는 매우 중요하다.

  이번 사태가 강하게 시사한 바가 바로 그 안정성이 일반적인 정치 지표로는 쉽게 드러나지 않는 시민들의 의식 속에 존재한다는 사실이다. 대립되는 시각을 보유한 사람들 사이에 내재한 신뢰와 스스로 나라의 미래를 책임져야 한다는 참여 정신, 법적인 절차에 대한 평균적인 인식 수준이 그런 안정성의 기반이다.

  지금은 어디에 살든 지도자가 도발적이고 이상한 행동을 할 잠재적 가능성을 거의 모든 사람이 의식하고 있다. 그런 정치적 요동에 반응할 수 있는 성숙한 시민 문화가 어느 나라에 구축돼 있는가? 가령 미국에서 도널드 트럼프가 사회적 소요를 일으킬 경우 미국의 시민사회가 그에 적절하게 대처할 수 있을지에 대해서 많은 사람이 회의적이나. 그에 비해 지난 열흘은 한국이 세계적으로 안정적인 민주주의를 보유하고 있다는 자신감을 심어주는 중요한 기간이었다.

2024. 12. 18.

대관령음악제,
문화의 향유와 문화의 소유

　　나는 우리 아이들이 어렸을 때 일 때문에 유럽의 국가들을 돌아다니다 어린이를 위해 쓴 역사책을 자주 사곤 했다. 그림이 곁들여지고 쉬운 문체로 쓰여서 가볍게 읽을 만한 책들을 들여다보면서 각 나라 국민의 정체 의식이 어느 정도 파악된다는 인상을 받았다. 짐작할 수 있듯이 아동용 책은 애국적인 내용이 많았다. 그중에는 위대한 지도자나 전투도 많이 언급되고 침략자들을 무찌르는 용감한 국민 영웅의 모험담도 당연히 포함됐다.

　　잘 알려진 사실이지만 우리 입장에서 볼 때 특이한 점 하나는 프랑스, 독일, 영국 등 다양한 국가에서 고대 그리스와 로마 역사를 자국의 전통에 포함한다는 사실이다. 로마제국은 유럽의 상당 부분을 정복했고 사방 곳곳에 발자취를 남겼기 때문에 여러 지역 역사에 포함되는 것이 자연스러울 수도 있다. 그러나 중동과 북아프리카도 로마의 큰 부분이었기 때문에 전체적인 무게 중심은 지중해로 보는 것도 타당하다.

　　또 하나 재미있는 것은 어느 나라 역사에서도 '우리가 로마제국을 침략했다'는 내용을 본 적이 없다는 사실이다. 통상적인 로마 역사를 보면 제국을 침략해서 멸망시킨 게르만족의 이야기가 중대하게 다뤄지고 그들이 후손은 지금의 유럽 선역에 흩어져 있다. 그러나 대부분 역사책은 '로마제국을 야만족이 침략했다'고 기술하면서 로마인들을 현재 국민의 조상으로 여기는 심리가 여기저기에 암시돼 있다.

이렇듯 어떤 나라의 과거를 지나온 여러 사람 중에 국민의 조상을 누구로 정하느냐의 문제는 간단치도 않고 상당한 선택의 여지가 있다. '위인'을 조상으로 차지하고자 하는 열망은 흔하다. 가령 알렉산드로스 대왕을 둘러싼 '소유권' 문제는 현재 발칸반도 내에서 정치적 논란의 대상이다. 프랑크왕국의 카롤루스 대제 같은 인물도 독일과 프랑스 양쪽에서 '소유권'을 강하게 주장하며 서로 견제하던 시절이 그다지 먼 옛날이 아니다.

'역사의 역사'를 더 자세히 들여다보면 그리스·로마 전통을 유럽의 공동 유산으로 비교적 일관성 있게 간주하는 것 자체가 사실은 꽤 최근의 현상이다. 가령 렘브란트의 유명한 17세기 그림 〈클라우디우스 시빌리스의 음모〉는 로마 식민 통치에 저항한 바타비아족 우두머리의 업적을 기린다. 율리우스 카이사르에 대항해 싸운 베르킨게토릭스가 프랑스의 그림이나 조각품에 흔히 등장하고, 독일에서는 기원후 9년에 토이토부르크 숲의 전투에서 로마군을 무찌른 게르만족의 지도자 아르미니우스를 '최초의 독일인'으로 묘사하는 관습이 제2차 세계대전 이전에 쓰인 역사책 안에서 흔하게 나온다. 그리스 문화의 '유럽화'는 이보다 더 복잡한 역사적 경로를 거쳤기 때문에 이 짧은 글에서는 다루기 힘들다. 그러나 지금 유럽 전역에 퍼진 그리스·로마 전통의 국유화가 상당한 노력과 정치적 의지의 산물인 것은 분명하다.

고대 그리스와 로마의 문화 전통이 어떤 의미에서 유럽인의 소유인가? 그 질문에 대한 답은 한마디로 '현대 유럽인들이 그 문화를 아끼고 공부했기 때문'이다. 예를 들어 인종의 경계가 불분명하고 지역적 연관성도 약하지만 영국인은 고대 그리스·로마인의 뛰어난 업적들을 숭배하며 공부해서 자기의 것으로 만들어버렸다.

2024년 7월 말에 나는 대관령음악제를 참관하면서 유럽의 고전음악을 유별나게 많이 공부하고 아끼는 사람들이 한국인이라는 사실을 다시금 확인했다. 현재 한국에서는 세계적으로 높은 수준의 탁월한 수많은 음악인들이 활동하고 있으며 음악에 대한 그들의 열정과 지식은 전 세계 누구와 견줘도 뒤지지 않는다. 유럽 사회의 고전음악회 관중은 고령층이 주류를 이루지만 롯데콘서트홀, 예술의전당, 대관령음악제의 음악당에서는 젊은 열기가 타오른다.

어쩌면 내가 어렸을 때부터 한국의 유럽 고전음악 관객은 세계에서 제일 열광적인 수준이었을 수도 있다. 그렇기 때문에 현대의 영국인이 고대 그리스·로의 전통을 자신의 것으로 여겼듯이 우리는 우리가 유럽 고전음악 전통의 소유자라는 자부심을 가질 만하다. 수백 년 뒤에는 국사책에 고전음악의 역사가 자연스럽게 한국 이야기에 편입돼 있을 것으로 기대한다.

2024. 8. 28.

수학의 원조는
있는가?

     2022년 10월 말에 영국 에든버러 국제수리과학연구소에서 '수학의 세계사' 학회가 열렸다. 영국, 프랑스, 이탈리아, 인도, 알제리, 남아프리카, 이란, 중국, 미국 등지에서 모인 수학자와 역사학자가 참여했고, 강연과 토론 주제 또한 지역적으로도 시대적으로도 다양했다.

     약간 놀랍게도, 수학의 역사를 전 세계적인 관점에서 세심하게 연구하는 활동은 학계에서 비교적 새롭다. 대부분의 주류 학술서와 대중 과학서는 유럽의 관점에서 이집트와 고대 중동을 잠깐 언급한 뒤 체계적인 내용 전개는 고대 그리스에서 시작하는 방식으로 역사를 기술한다.

     우리나라에서도 수학은 '서양 문물'이라는 관념이 꽤 오래됐다. 가끔 조선 시대 학자 최석정 같은 사람이 언급되지만, 수학 발전의 전체적인 맥락 속에서 중요한 인물로 여겨지지는 않는다. 또한 인류학적인 시각에 기반한 수학이 아프리카에서 시작했다는 주장도 설득력이 있지만, 보통 그런 내용은 '선사시대적'인 관점에서 다뤄진다. 즉 체계적인 학문으로의 수학은 유럽 전통에서 나왔다는 인식이 세계 어디서나 강하다.

     핵심 관건은 문화 유산의 소유권 결정 과정이

다. 소용돌이 같은 문명의 교류 속에서 어떤 것이 어떻게 해서 중국문화, 프랑스문화, 아시아문화, 아프리카문화 등으로 결정됐냐는 것이다. 물론 대체로 법적 소유와는 상관없는 세계 인식 속의 소유권이다.

이런 소유 의식은 지역의 자부심과 관련이 깊어서 많은 사람의 관심 대상이 되고 '카롤루스 대제가 어느 나라 사람이었는가?' 혹은 '고대 일본어 시집《만요슈萬葉集》에 한국어가 나타나는가?' 같은 질문이 논란이 되기도 한다. 그런데 특정한 개인보다 훨씬 큰 학문이나 문화 조류의 경우에는 당연히 소유권을 정하기 어렵고, 질문이 등장할 당시의 지정학적인 상황이 역사적 인식을 결정하기도 한다.

현대 유럽에서 수학의 근원을 고대 그리스로 생각하게 된 경위 자체가 상당히 복잡하고 흥미롭다. 간단히 이야기하자면, 이런 인식은 18~19세기 민족주의의 부상과 관계가 깊다. 격한 정치·사회적 변동기였던 그 당시 유럽, 특히 영국과 독일어권의 지식인들은 '고대 그리스 문화'를 이상화해서 숭배하기 시작했고 자국의 정체성과 고대 문물을 결부하며 전통의 발명 과정을 거쳤다.

가령 영국은 대영제국의 번창과 고대 마케도니아제국의 부상을 비교하기 좋아했고, 독일 지식인은 자신들을 간절하게 그리스 철학의 후계자로 여기고 싶어 했다. 그들은 또 이런 기이한 학문적·예술적 조류를 민족국가의 낭만적인 형성 이데올로기와 연결했다.

이런 현상과 20세기 산물들은 많은 비판적 연구의 대상이 됐다. 그러나 그 역사 속에서 수학의 역할은 깊이 연구되지 않았고, 그와 관련한 어려운 과제들이 이번 학회의 주된 논점이었다. 19세기 유럽의 그리스 숭배자들은 '수학의 발명'을 (자신들의 조상으로 여기는) 그리스 문화의 전유물로 생각하고 싶었기에 이집트는 측지학이 주된 관심사였다든지 아랍 수학은 '실용성'에 집착해 고대 그리스 수학을 유럽에 전해주는 역할만 했다는 등의 전설에 얽매여 있었다.

이런 풍토 속에서 쓰인 수학사를 깊게 연구한 것을 토대로 재편성하는 학술 활동이 지금 활발하게 전개되고 있다. 그 연구에서 가장 중요한 길잡이는 수학의 역사를 지역의 역사로 나눠 생각할 수 없다는 원리다. 시간이 흐르면서 중심지를 이집트, 중동, 인도, 중국, 중앙아시아, 지중해 등으로 옮겨 다니며 발전해온 수학의 총체를 전 세계의 유산으로 인식할 수 있도록 학문적 기반을 다지는 것은 다급한 과제다.

내가 생각할 때 유럽과 고대 그리스 중심 수학사(혹은 문화사)의 가장 중요한 교훈은 다른 데 있다. 그것은 뛰어난 문화의 소유주는 그 문화를 공부하고 개발하는 사람들이라는 것이다. 지리적으로 넓게 번성했던 고대 그리스·로마 문명이 현대 유럽의 원조로 여겨진 가장 중요한 원동력은 중세 이후 유럽의 여러 교육 문화

기관이 그 전통을 자기들의 것으로 만들어갔다는 데 있다. 어떤 이유에서든 유럽의 지식인들은 그리스·로마의 전통을 흡수하면서 재창조했고, 그런 문화적 조류는 현대 유럽 사회의 정치·교육·문화 형성에 지대한 영향을 미쳤다.

깊은 사고 체계, 아름다운 미술, 감동적인 문학은 시간의 흐름 속에서 인류 전체의 복잡한 협업으로 만들어진 것들이다. 지금 현재 누구의 것으로 여겨지든 간에 그것을 열심히 읽고, 보고, 개발하는 사람들이 결국은 값진 세계 문화유산의 주인이 된다.

2022. 11. 16.

인류를 위한 수학

내가 일하는 영국 에든버러 국제수리과학연구소에서 '인류를 위한 수학'이라는 이름의 새로운 사업을 2024년 초부터 운영할 계획이다. 참여를 원하는 전 세계 학자들의 연구와 교육 활동 계획서를 받고 있다.

지원 중심 주제는 크게 세 가지로 구분된다. 첫째는 세계 수학 연구 역량의 상향평준화, 둘째는 인류의 당면과제 수행을 위한 수학적 방법론, 그리고 마지막으로 수학 역사의 글로벌 연구다. 이 세 가지 방향의 계획이 있는 연구자들에게 국제수리과학연구소에서 공동 연구나 학회, 인터넷 강의와 세미나를 진행할 시설과 경비를 제공한다. 연구소에서는 세 주제를 동시에 지원하고 활동 장소를 하나로 통합해 시너지가 극대화되기를 기대한다.

첫 번째 주제는 경제·사회·정치 조직에 큰 영향을 미치는 세계 수학 역량의 불평등을 해소하려는 전반적인 노력을 대변한다. 개발도상국의 교육 발전을 도모하는 이 프로그램은 UN 산하의 많은 기관에서 이미 운영하고 있다. 그러나 연구 역량의 평준화는 학문적 전문성이 필요해 그런 국제기구에서 관할하기 힘들다. 그래서 몇몇 연구 기관, 특히 이탈리아 트리에스테에 있는 국제이론물리연구소는 제3세계 연구자들이 참여할 수 있는 프로그램들 위주로 운영한다. 우리 연구소도 이런 노력에 동참하면서 트리에스테 연구소와 협력도 계획하고 있다.

어쩌면 인류의 당면과제에서 수학이 할 만한 역할이 잘 알려지지 않은 것 같기도 하다. 대표적으로 기후 위기와 관련된 연구 대부분은 수학적 모델에 의존한다. 기후 연구는 지구 대기의 평균적 상태의 패턴을 추적하는 것을 기본으로 하기 때문이다. 또 대기는 공기와 수증기로 이뤄진 유체이기에 근본적으로 유체역학 방정식으로 관찰할 수 있다. 이 방정식들의 수치 해석적인 시뮬레이션은 계속 섬세해지고 있으며 여러 나라의 정책 형성에도 큰 영향을 미친다.

오늘날에는 기후 위기뿐만 아니라 '민주주의 위기'에 대한 염려도 커지고 있다. 특정한 정치 성향을 초월해 국민의 의견을 효율적으로 대변할 만한 사회 조직이 부족하다는 인식이 만연하기 때문이다. 오래전부터 경제학자들은 수학적 개념들을 이용한 사회선택이론을 연구해왔다. 사회 구성원들의 의견을 여론으로 통합하는 방법론 연구다. 그런데 고전적인 사회선택이론에 비해 지금은 빅데이터를 활용해 실용성이 뚜렷한 이론을 만들어가는 흐름이 강하다. 예를 들면 2019년에 미국 웰즐리대학교에서는 '수학과 민주주의 연구소'가 개설돼 활발한 활동을 주관하고 있다.

그 외에도 지속 가능한 거시경제 형성을 위한

네트워크 이론, 데이터과학과 사회복지, 급격히 발전해 가는 통신문화 속에서의 보안, 인공지능의 인간적 제어 모두 수학적 연구의 대상이다. 여기서 열거한 예들 이외에도 인류 복지를 도모하는 다양한 수학 사업 계획이 제안되기를 기대해본다.

수학의 전통에 대한 오해는 세계 많은 지역에서 수학 역량 개발을 저해하고 있다. 그동안 특정한 고대 그리스 전통에 관한 신화적 믿음과 유럽 중심의 해석은 많은 사람이 '수학은 서양 문물'이라는 편견을 갖게끔 했고, 그런 편견은 세계 대부분의 지역에서 수학의 발전을 저해했다. 18~19세기부터 축적돼온 역사학의 오류들을 정정하는 작업은 많은 학자의 협업이 필요하고 국제수리과학연구소의 집중적인 지원이 도움이 될 것으로 예상한다.

세계경제포럼은 2030년 세계 젊은이의 42퍼센트가 아프리카에 있을 것으로 전망한다. 그 사실 하나만 봐도 자기 지역을 중심으로 세계의 개발 상태를 추정하는 것의 비효율성이 분명해진다. 만약 아프리카의 상당 부분이 저개발 상태로 남아 있다면, 더군다나 분쟁과 기아로 시달리는 지역이 많다면, 그것은 좋든 싫든 전 세계가 해결해야 하는 문제가 된다.

'인류를 위한 수학' 프로젝트는 수학자들에게 인류 번영에 직접 도움이 되는 활동에 참여할 기회를 제공하는 것을 목표로 출범한다. 평소에 순수 수학 연구에 몰두하는 이들도 적극적인 참여를 타진해보기 바란다.

이 사업을 시작하면서 상당히 희망적인 일 하나는 세계 수학계의 호응이다. 세계 방방곡곡에서 격려하는 이메일이 오고 함께 일하자는 연구소들이 줄을 이으며, 필즈상 수상자 두 명을 비롯한 수학계의 가장 영향력 있는 인사들로 사업선정위원회가 순조롭게 구성됐다. 프로젝트 시작부터 인류를 위하는 마음의 보편성을 경험한다.

2023. 2. 8.

최고의 시간과 최악의 시간

"그때는 최고의 시간이자 최악의 시간, 지혜의 시대이자 어리석음의 시대였다." 찰스 디킨스의 소설 《두 도시 이야기》의 도입부다(원문이 상당히 길기 때문에 우리말 번역은 보통 문장을 몇 개로 끊는다). 프랑스 혁명을 배경으로 펼쳐지는 역사극을 그야말로 극적으로 여는 이 문장은 영어 소설 문구 중 가장 자주 인용되면서 가장 잘못 인용되는 문장이기도 하다. 많은 독자가 이 문구를 시대에 대한 디킨스의 의견으로 해석하기 때문이다.

오류를 파악하려면 같은 문장의 끝부분만 읽으면 된다. "즉 그 시절은 현재와 너무 비슷해서, 당대의 가장 요란한 권위자들은 긍정적으로든 부정적으로든 극단적인 표현만으로 시대상을 이해하고자 했다." 작가는 격한 표현을 좋아하는 사회평론가들을 풍자하는 문구로 소설을 시작한 것이다. 그러면서 혁명 이후 60~70년이 지난 자기 시대에도 그때와 비슷하게 극적인 말을 선호하는 사람들이 난무한다고 설명한다.

현시대에는 누구나 지구 전역의 시끄러운 뉴스를 종일 쉽게 접할 수 있어 많은 사람이 먼 곳의 비극을 의식하면서 살아간다. 그런 뉴스는 또 걱정과 근심의 근원이어서 '말세'에 대한 한탄을 하루에 몇 번씩 들을 때도 있다.

현대 문명에 대한 비관론을 많은 네티어들 근거로 비판하는 미국 심리학자 스티븐 핑커의 책《우리 본성의 선한 천사》는 세계적으로 많은 담론의 대상이 됐다. 그는 수천 년에 걸쳐 인간의 삶과 사회가 점점 평화로워졌다고 주장한다. 가령 유럽의 중세에서 현대까지 작은 봉건 제국들이 중앙집권제 국가로 재편성되면서 살인율이 10분의 1에서 50분의 1까지 줄었다고 한다. 구체적으로 13세기 독일어권을 보면 10만 명당 약 37명이 살해됐지만 2016년에는 10만 명 중 0.6명이 살해됐다.

핑커의 이론에 대한 반박도 물론 여러 가지다. 대표적으로는 세계의 가장 부유한 지역의 현실만 반영한다는 지적이다. 이 비판 또한 단순한 경제적 분석 혹은 탈식민주의 같은 정치철학을 출발점으로 전개될 수 있다. 그러나 찬반양론에도 불구하고 그 책에서 데이터 기반 논리를 제시함으로써 직관이나 철학적 명상에서 나오는 막연한 비관론이 불가능해진 것만으로도 핑커의 중요한 기여로 볼 수 있다.

부유한 사회라도 불평등 효과를 무시하면 사회상을 제대로 파악할 수 없다. 나는 지난 일주일 동안 미국 캘리포니아주 패서디나에 있는 캘리포니아공과대학교의 신고전주의 양식 건물인 '아테네움' 교수회관에 묵었다. 거기서 매일 5분 거리에 있는 수학과 연구실로 출퇴근하며 그곳의 사람들과 여유롭게 수학 이야기를 나눴다.

이곳은 로스앤젤레스 북동쪽에 위치한 작고 부유한 마을이어서 깨끗하고 전원적인 환경에서 평화로운 학자의 생활을 즐길 수 있는 여건이 잘 갖춰져 있다. 그러나 공항에서 고속도로를 오가면서 거대 도시 로스앤젤레스의 험난함을 약간씩 엿볼 수 있었다. 최근 조사를 보면 도시 노숙자 수가 약 7만 명에 달하고 지난 2년간 그 수가 4퍼센트 이상 늘었다고 한다. 평화와 풍요가 일률적으로 늘지 않는다는 당연한 현실을 제1세계 국가에서도 쉽게 목격할 수 있다.

　　그러나 이런 문제들이 있음에도 지난 35년 동안 내가 개인적으로 경험한 미국 사회는 전체적으로 인자해지고 있다는 생각이다. 입국 수속이 점점 쉬워지고 사회적 다양성이 증가한 점에서 그런 예증을 본다. 내가 유학을 갔던 1980년대에 80퍼센트를 차지하던 백인종이 2020년 인구조사에서는 57퍼센트로 떨어졌다. 2019년 퓨연구재단의 설문조사에서 인종 다양성의 증가를 부정적으로 보는 사람이 전체 인구의 11퍼센트밖에 되지 않았다는 점도 중요하다.

　　참담한 사회상, 개인과 국가의 비애, 역사의 우여곡절이 생생하게 펼쳐지는 《두 도시 이야기》는 영화나 드라마로도 자주 만들어져 인간사의 비극성과 영웅심이 강조되곤 한다. 그러나 평등과 박애 사상이 강했던 디킨스는 결론에서 처형당하러 가는 주인공의 예언을 통해 프랑스 혁명의 궁극적 효과를 상당히 긍정적으로 판단한다. "이 어둠으로부터 아름다운 도시와 총명한 시민들이 일어설 것이다. 그들은 수많은 승리와 패배를 거쳐서 진정한 자유를 위해 투쟁할 것이며 여러 해 뒤에 이 시대의 악과 그 악의 부모이던 구시대의 악이 다 속죄되며 없어질 것이다."

지금은 원활한 커뮤니케이션 덕에 극단적인 논쟁과 정치적 양극화를 미디어를 통해 경험할 기회가 많다. 그러나 현시대의 요란한 뉴스도 혁명기의 혼란을 반영한 것이다. 정보와 통신의 진정한 글로벌화에 기반하여 진행되는 이번 혁명 역시 '최악의 시간'도 '최고의 시간'도 아닌, 결국은 세계 모든 사람이 서로의 고민을 공유하는 인자한 국제 질서로 점차 변해가는 과정의 일부라고 생각하고 싶다.

2022. 12. 14.

완벽한 교재라는 환상

교육과정에 관한 사회적 토론의 핵심 주제 가운데 하나는 학생들이 접하는 적절한 교육 내용이 무엇이냐다. 필수와 선택 과목의 선정 같은 큰 틀을 거론할 수도 있고, 특정한 과목의 구성 요소에 관한 담론일 수도 있다. 가령 기계학습(머신러닝)을 공부하려면 미적분학과 행렬을 알아야 하는데, 그것을 어떤 학생들이 언제 배워야 하는가 같은 문제가 자주 언급된다. 아주 구체적으로는 적당한 교재나 권장도서 선택도 상당한 논란의 대상이 된다.

책들은 같은 주제를 다룰지라도 내용이 꽤 다양하게 전개될 수 있고, 장단점을 각자 가지고 있다. 나도 학생 때 교재를 불만스럽게 생각한 적이 있었고 권장도서 말고 다른 책이 멋있어 보이기도 했다. 수학과에서도 이런저런 책 이야기가 자주 오갔지만 대체로는 물리학과 친구들이 훌륭한 책에 관한 정보를 많이 가지고 있었다.

예를 들자면 1학년 때부터 유명한 물리학자 파인만이 쓴 《물리학 강의록》이라는 총 세 권짜리 저서를 읽는 공부 모임에 참여하는 학생들이 많았다. 또 고학년이 되면서는 소련 물리학 교육 시스템의 전설적인 교재인 란다우와 립시츠의 《이론물리학 과정Course of

Theoretical Physics》총서 낱권을 들고 다니며 '반드시 읽어야 하는 책'이라고 압박하는 선배들이 많았다.

일반적인 답을 모르면서도, 나는 이런 문제에 관한 나 자신의 직관이 지난 몇십 년 사이에 상당히 변한 것에 스스로 놀라기도 한다. 우리나라의 교육 시스템은 훌륭한 도서에 대한 믿음이 강한 편이다. 나는 책(교재)을 중시하는 문화가 있는 한국과 미국에서 교육받았기에, 처음 영국 대학에서 일하기 시작했을 때 상당한 문화 충격을 받았다. 교재를 사용하지 않는 강의가 대부분이고 학생들도 좀처럼 책을 읽으려고 하지 않았기 때문이다.

지금까지 내가 경험한 모든 영국 대학의 수학과에서는 최소한의 내용을 강의록 형태로 제공하고 그것을 바탕으로 문제 풀이에 집중하는 방식으로 수업을 진행했다. 따라서 몇백 쪽 분량의 교재를 읽을 만한 참을성을 지닌 학생도 극히 드물다. 이런 성향은 중고등학교 때부터 만들어졌을 것이다. 그 당시에 교재가 있다 해도 핵심 요약본 같은 형식으로 만들어진 게 대부분이기 때문이다.

처음에는 이런 영국식 시스템이 상당히 의아했지만, 지금은 생각이 많이 바뀌었다. 특별한 교재에 대한 지나친 강조는 배움의 길에 무언가 오해가 있다고 의심될 정도다. 웬만큼 깊이 있는 주제는 한 번에 배우는 것이 불가능하기 때문이다. 처음 배울 때는 대략 파악하고, 나중에 다시 보면서 이해를 조금 더하고, 가르치면서 또 배우고 하는 과정을 모든 학자가 경험한다. 즉 배움이라는 것은 다분히 사람마다 다른 복잡한 경로를 따라가는 비선형적인 과정이다. 이런 현실을 있는 그대로 인정하면 훌륭한 책 몇 권에 쏟아지는 숭배에 가까운 신봉을 진지하게 받아들이기는 어렵다.

이런 비선형성은 교재에 대한 잘못된 평가에서도 확인할 수 있다. 가령 '이 주제에 관해서는 교재 B가 A보다 훨씬 낫다. 처음부터 B로 배웠으면 좋았을 텐데' 같은 불평에 나는 대체로 회의적이다. A를 먼저 읽고 나서야 나오는 의견일 경우가 많기 때문이다. B를 읽을 때는 같은 주제를 두 번째 보는 것이니까 당연히 이해가 더 잘된다. 어렵게 한 번 공부하고 다른 책을 통해 다른 시각에서 다시 생각하는 과정이 극히 자연스럽다는 이야기다.

내가 학생 때는 막연히 어려운 교재를 선호했던 것 같기도 하다. 수학이나 물리학은 어느 정도 단계가 되면 어쩔 수 없이 어려운 내용이 대부분이다. 하지만 최근에 나는 학부 과목에 나올 만한 내용은 되도록이면 쉬운 책을 권장하는 편이다. 기본 아이디어를 접하며 흥미를 느끼고 필요에 따라 심화 내용을 찾아나가는 과정이 자연스럽기 때문이다.

내가 학부 시절에 끙끙대며 읽었던 파인만의 책은, 학생을 위해서가 아니라 주위 교수들에게 교묘하게 설명하는 방법을 과시하기 위해 쓰였다는 비판이 많다. 란다우와 립시츠의 책들도 지금 보면 설명이 부족한 부분이 많고, 비슷한 주제의 다른 책들에 비해 특별한 내용을 담고 있는 것도 아니어서 그때 왜 그렇게 경외의 대상이었는지 이해하기 어렵다.

극단적으로 잘못 쓰인 책들도 당연히 있을 것이다. 저자 자신이 내용을 잘못 이해한 경우가 그렇다. 그런데 그마저도 판단이 쉬운 것은 아니다. 뛰어난 학자들 가운데 많은 지식이나 명확한 이해 없이도 창조적인 작업을 하는 이들이 꽤 있기 때문이다.

젊은이들의 자연스러운 호기심을 자극하는 방법은 많고 다양하다. 지금처럼 지식과 정보가 풍성한 시대에 교육에 임하는 사람들에게 배움과 가르침의 자유로운 문화를 같이 만들어가며 특정한 책이나 방법론에 대한 집착을 어느 정도 내려놓으라고 권하고 싶다.

2022. 6. 29.

여왕의 죽음과
기억의 가치

　　　　15년 동안 살면서 개인적으로 경험한 영국은 분명 민주주의 전통이 강한 나라다. 도시, 학교, 동네, 심지어 마을 테니스클럽 운영까지 구성원들의 토론과 합의를 통해서 조직의 방향성을 결정하도록 만들어져 있다. 대학들도 학과장·학장·총장 등의 권한을 복잡한 규정으로 제한하고 각종 위원회가 중대한 선택을 중재한다. 나 같은 평범한 교수도 결정 절차에 부단히 참여해야 하기에 여러 면에서 귀찮기도 하다.

　　　　종합대학인 옥스퍼드나 케임브리지를 구성하는 개별 칼리지들은 '자체 통치self-governance' 원리가 꽤 철저하게 구현돼 있어 교육과정, 부동산 투자, 미술품 구매, 심지어 정원 조경까지 전체 교수회의에서 논의된다. 나는 2007년 미국에서 영국으로 옮겨오면서 이런 구조에 적지 않은 문화 충격을 받았고, 적응하는 데 시간이 꽤 걸렸다.

　　　　이런 민주국가에서 왕실의 역할을 어떻게 이해할 것인가? 어떤 원리에 근거해 영국은 눈에 띄는 군주제를 아직 유지하고 있는가? 전 세계의 많은 사람이 궁금해하는 현상이다. 내가 직접 살면서 지켜본 결과, 상징적인 군주라도 꽤 많은 결정에 알게 모르게 압력을 넣고 정부와 오묘한 관계를 유지하고 있다는 것을 파악하게 됐다. 또한 영국의 왕실은 매년 정부로부터 약 9천만 파운드(1,500억 원)에 달하는 금전적 지원을 받는다. 따라서 자국민으로서 군주제의 정당성을 질문하는 게 당연해 보인다.

  한 가지 분명한 사실은 민주 이념이 강한 영국 사회에 왕실에 대한 경외감이 상당한 수준으로 퍼져 있다는 것이다. 대학교수들도 대화하면서 '여왕 폐하' 같은 칭호를 가끔 쓰는가 하면, 학교 만찬 중에 '여왕을 위해 건배'하는 왕정 사회의 관습이 상당수 남아 있다. 며칠 전 찰스 3세의 즉위를 비판하다가 체포당한 옥스퍼드대학교 교수의 사례가 이런 사회 분위기를 보여준다. 장례식 전까지 길게는 14시간을 기다려 웨스트민스터 홀에 놓인 여왕의 주검을 바라보며 묵념한 군중의 수는 100만 명에 이를 것으로 추산됐다.

  현대인 대부분에게 있어 세상의 가치는 경제적 원리 말고도 여러 요소들로 이뤄져 있다. 마음 깊숙한 곳에 있는 삶의 동기는 수많은 영적 혹은 상징적 가치들과 연결돼 있다. 그러나 왕실의 가치는 종교·예술·학문 같은 보편적인 분야들과는 성격이 사뭇 다르다. 군주가 구현하는 의미가 대체로 '애국'과 관련이 있기 때문이다. 즉 궁극적으로 해당 국가의 정체성을 가진 사람에게만 의미 있는 가치가 왕실의 존재를 정당화한다.

  그런데도 전 세계 많은 사람이 영국 왕실에 지대한 관심을 보이고 어느 정도 존경을 표할 수밖에 없는 이유는 전통과 지속성이라는 가치 때문일 것이다. 약간 시적으로 표현하자면 '기억의 가치'라고 할 수도 있겠다.

영국 왕실은 미래로 나아가는 현재의 틀이 긴 과정과 절차의 산물임을 상징한다. 유럽 사회에서 수백 년 혹은 수천 년 된 역사 유적은 일상의 한 부분이며, 전통의 건설적 재창조와 보전 또한 일상적이다. 그런 면에서 영국 왕실은 다른 여러 문화 유적이나 관광 자원처럼 타국인에게도 관심의 대상이고, 때로는 부러움의 대상이다.

동아시아 국가들은 대체로 유럽이나 남아시아보다 물질문명을 잘 보존하지 못했다. 그러나 수학자인 나는 추상적 구조의 보존을 목격하며 감동할 때가 많다. 가령 북악산 정상에 서서 한강까지 뻗어 있는 도시 중심과 북한산을 동시에 바라볼 때가 그렇다. 도시 전경의 구체적인 구성원은 변화해왔지만, 산과 시내 사이를 비집고 지나가는 서울의 추상적 구조망은 지속해서 보존됐기 때문이다.

나는 2022년 여름 대부분을 서울에서 보냈다. 항상 방문하는 고등과학원에서 학술 활동을 이어가며, 가족과 친지를 만나고 노부모의 일상을 돌보는 시간을 보냈다. 엘리자베스 여왕이 서거했다는 소식이 알려진 밤엔 평화로운 서울 정릉천 산책로를 걷다가 한적한 찻길로 올라와 숙소로 향하고 있었다. 밤 10시라는 늦은 시가에도 작은 동네 음식점은 불을 환하게 밝히고 있었고, 가로등 밑에 상을 펴고 몇 사람이 음식과 술을 나누며 즐겁게 대화하고 있었다. 6~7세쯤 돼 보이는 여자아이가 달려와 아빠의 품으로 뛰어들고, 팔에 안긴 딸은 아빠의 귀에 뭔가를 속삭였다. 아빠가 자리에서 일어나 친구들에게 인사를 건넸고, 부녀는 여유롭게 밤길을 따라 어둠 속으로 사라져갔다. 연약한 것 같으면서도 끈질긴 인간의 관계망 역시 관습 속에 엮여 있는 문화적 기억의 가치를 지속해서 보여주는 것은 아닐까.

2022. 9. 21.

2

퇴보와 진보 사이: 이해를 위한 오해가 있다

위기의 세기,
혁신의 세기

2020년 여름, 서울에 와서 격리 기간이 끝나자마자 트레바리라는 독서클럽에서 강연을 했다. 물론 코로나 바이러스 확산에 대한 걱정 때문에 여러 번 망설였다. 그러나 정부 지침을 잘 지키면서 교육 문화 행사를 무난히 개최하는 모습도 나름대로 의미 있다는 주최 측의 논리에 설득돼서 인원수 제한, 연속적인 환기, 강사와 참여자 전원 마스크 착용 등의 조건하에서 조심스럽게 행사를 진행했다. 어려운 여건에서도 두 시간이 넘는 저녁 강연에 집중하면서 수준 높은 질문을 계속 던져준 관중의 열의에 감복하지 않을 수 없었다.

강연 주제는 17세기 화가 아르테미시아 젠틸레스키의 〈홀로페르네스를 죽이는 유디트Judith beheading Holofernes〉에서 나타나는 과학이었다. 목을 베는 순간 뿜어져 나오는 핏줄기의 궤적이 포물선을 그리며 갈릴레오의 최신 탄도학 이론을 반영한다는 몇몇 역사학자들의 가설을 대학생, 중고등학교 교사, 화가, 회사원 등으로 구성된 다양한 청중은 고맙게도 관심 갖고 들어줬다.

1610년대에 피렌체의 디자인아카데미와 토스카나 대공작의 궁정에서 갈릴레오와 아르테미시아가 교류하면서 그 이론이 직접 전해졌을 가능성이 있다. 발사된 물체가 직선운동을 하다가 동력이 소진되면 떨어진다는 아리스토텔레스의 옛 이론을 1600년경에 갈릴레오가 세밀한 실험과 과감한 수학적 통찰의 결합으로 깨뜨린 것인데, 이 이론이 문화예술계에도 중요한 영향을 미쳤다는 이야기다.

　　아르테미시아는 당대 여성으로는 극히 드물게 화가로서 각광받아서 피렌체, 로마, 나폴리, 베네치아 등을 여행하며 약 60점의 걸작을 남겼고 40대에는 영국으로 건너가 찰스 1세의 궁전에서 활약하기도 했다. 17세기 이후 오랫동안 회화의 역사에서 잊혔던 그녀는 20세기 후반부터 대대적으로 재평가를 받아서 현세대의 시각으로는 바로크 시대 최고의 화가 중 하나로 굳게 자리 잡았다. 그녀는 1656년경에 사망한 것으로 추정되는데 그 당시 나폴리왕국을 휩쓸며 100만 명 이상의 죽음을 재촉했던 흑사병 때문이었다고 짐작된다.

　　흑사병의 가장 처절한 영향은 중세 말에 나타났던 것으로 알려졌지만, 이 병은 그 이후로도 주기적으로 돌아오며 수차례에 걸쳐 세계를 재앙으로 몰아넣었다. 17세기에는 오스만제국, 유럽 전역이 공포에 떨었으며 특히 상황이 심각했던 이탈리아 외에도 프랑스에서는 1628년에서 1631년 사이에만 100만 명 이상 죽었고, 1665년의 대역병 때문에 런던의 인구가 25퍼센트 정도 감소했다고 전해진다.

　　물론 지금 이야기한 모든 수치를 의심하며 봐야 한다. 공식 기록이 드문 당시 인구를 정확히 추산하는 것 자체가 어렵고, 런던같이 비교적 기록이 잘 보존된 도시에서도 사인을 정확하게 파악하기 어렵다. 교구마다 '사망자 추적원'을 한두 명 임명해서 교회에 보고하도록 했지만, 그들은 대체로 가난하고 글도 모르는 일반 시민이었고 사망자 가족의 부탁으로 거짓 보고를 하는 경우도 많았다고 한다.

몇몇 역사학자들은 17세기를 '위기의 세기'로 분류하기도 한다. 질병의 효과도 심각했지만 세계 전역의 연쇄적인 정치적 혼란이 영국의 내전, 프랑스 투석기의 난, 신성로마제국의 30년 전쟁 그리고 멀리 중국에서는 명나라의 붕괴까지 일으켰다고 주장한다. 최근에 역사학자 제프리 파커는 이런 글로벌 위기의 원인을 기후 변화의 관점에서 분석하는 시기적절한 이론을 펼치기도 한다.

놀라운 것은 위기의 세기가 과학혁명의 세기이기도 했다는 점이다. 갈릴레오가 이룩한 이론과학의 개혁은 1687년에 뉴턴의 《자연철학의 수학적 원리 Philosophiae Naturalis Principia Mathematica》의 발행으로 이어져서 인류의 우주관을 완전히 바꿔놓았다. 또한 세포의 발견, 혈액순환의 체계적인 묘사, 미적분학의 개발, 확률론의 정립 등의 업적이 17세기의 산물이다.

예술계에서는 아르테미시아 외에도 벨라스케스, 렘브란트, 페르메이르, 엘 그레코 등이 17세기의 혁신적인 화가들이고, 셰익스피어 연극의 상당수도 17세기에 쓰였다. 몬테베르디와 퍼셀도 대부분의 작품을 17세기에 작곡했고, 세기의 후반부에는 바흐, 비발디, 헨델 등이 탄생했다. 네덜란드 독립전쟁 때문에 제국이 흔들리던 시기에 스페인에서는 세르반테스가 불후의 명작을 집필하고 있었다.

세계가 다 그렇지만 유럽의 역사를 읽으면 일종의 평행 우주가 연상될 때가 많다. 문화의 역사극에 등장하는 인물들의 창조적인 에너지가 이룩한 문명의 발전만 봐서는 그 주위로 펼쳐지는 정치·사회적 혼란을 짐작하기 어렵기 때문이다. 현대 대학의 테두리 안에서 안정과 평화를 연구의 필요조건으로 생각하며 살아가는 나 같은 교수에게 주는 교훈이 있을 것이다. 전염병의 위기 속에서도 강연을 진행한 것이 작게나마 좋은 결정이었기를 바란다.

2020. 7. 22.

실수를 예찬하다

최근에 학부모와 학교 선생님의 소모임에 온라인으로 참여하다가 '오답노트'의 효율성에 대한 질문을 받았다. 학생이 시험에서 틀린 문제들을 모아서 이해가 부족했던 개념을 복습할 목적으로 만드는 노트 이야기였다.

나는 그런 단어를 처음 들어봤기 때문에 인터넷으로 검색하면서 작성법에 대한 조언도 읽고 다양한 그림과 기호와 무지갯빛 펜으로 각색해서 정성껏 만들어놓은 견본들도 봤다. 그러면서 대부분의 학습법이 다 그렇듯이 이것도 상당한 논란의 대상이라는 사실을 알게 됐다. 그런데 몇몇 영국 교육자와 학생들에게 의견을 물어봤더니 그들은 하나같이 "너무 좋은 아이디어"라고 반응했다. 어쩌면 이것도 해외로 수출되는 '한국 문화'가 될지도 모르겠다.

내가 교육자로서 자신 있게 할 수 있는 이야기는 배우는 과정에서 '실수'가 대단히 중요한 역할을 한다는 것이다. 실수의 중요성은 세 가지로 나눌 수 있다. 실수를 점검하는 과정의 중요성, 또 극복하는 과정의 중요성(이 둘은 거의 당연하고 그 때문에 오답노트가 발명됐을 것이다), 그런데 실수를 저지르는 과정의 중요성은 간과되기 쉽다. 이 문제에 관해서는 경험이 풍부한 한 테니스 감

독일 이야기가 자주 생각난다. 그에 따르면 어릴 때 대회에서 많이 우승하는 학생일수록 뛰어난 성인 선수가 되지 못하는 일이 꽤 많다고 한다. 어린 선수들의 경기일수록 실수를 안 하려는 조심스러운 스타일이 승산이 있기 때문이다. 그런 환경에서 이기는 전략에 집중하다 보면 자연히 모험적인 플레이가 줄어들고 이기더라도 위축되는 테니스가 몸에 배어버린다는 것이다.

수학 공부에서도 마찬가지다. 깊이 있는 내용을 습득하려면 수차례의 실수와 교정을 통해서 점차 이해 수준을 높이는 것이 불가피하다. 그렇기 때문에 실수가 두려워서 쉽게 이해되는 내용만 잘하려고 하면 학문적으로 성숙해질 가능성이 적다.

이런 습관은 결국 대학교 교육에서 심각하게 논의되는 '실패에 대한 두려움'으로 연결되는 듯하다. 미국의 작가 윌리엄 데레저위츠는 유명 대학 교육 시스템의 가장 큰 문제점을 실패에 대한 두려움으로 가득 찬 인재들을 양성하는 데서 찾는다. 그는 높은 시험 성적, 각종 수상 이력에 몰두하면서 어린 시절을 보낸 젊은이들이 '위험에 대한 격렬한 혐오증'을 가지고 안전한 '스펙 쌓기' 인생으로 몰려간다고 설명한다. 그래서 하버드나 예일 같은 유명 대학일수록 좀비 같은 인재들로 가득하다고 신랄하게 비판한다.

나는 그 정도로 극단적인 걱정을 해본 일은 없다. 그렇지만 실패가 무서워서 잠재력을 발휘하지 못하는 인재를 지도해본 적은 몇 번 있다. 그들은 물론 다 기막히게 뛰어난 경력의 소유자였고, 그중에는 하버드에서 학위를 받고 미국 대학생들 사이에서 거의 최고의 영예로 간주되는 로즈 장학생 자격으로 영국에 온 '영재'도 있었다.

우리 시대에서는 수학의 가장 유명한 실수 중 하나를 '페르마의 마지막 정리'라는 350년 된 난제를 풀어낸 앤드루 와일스 교수가 저질렀다. 그는 6년의 고독한 연구 끝에 정리의 증명을 1993년 3월에 발표했는데, 같은 해 8월경에 증명이 잘못됐다는 지적을 받고 나서 고치려는 작업에 착수했다.

포기하고 싶은 마음을 수차례 극복하면서 자신의 논리를 샅샅이 재검한 끝에 그는 1994년 10월, 정정한 논문을 학술 저널에 제출했다. 그 뒤로 몇 개월의 검증 절차를 거친 뒤 1995년 5월에 마침내 학계의 인정을 받은 109쪽 분량의 논문이 게재됐다. 즉 실수가 발견되고 나서 완전히 고쳐질 때까지 약 2년의 고통스러운 노력이 필요했다.

"수학자는 뛰어날수록 잘못된 증명을 많이 한다"는 농담 섞인 격언이 있다. 이 말은 다른 이들에게 실수가 발견되려면 학자의 영향력이 우선 커야 한다는 지적이지만 뛰어난 수학자는 모험적인 사고를 자주 한다는 관찰이기도 하다.

오답노트는 일부 학생들에게 일종의 창작품으

로 간주되는 것도 같다. 예쁘고 질서 정연하게 만드느라 시간을 꽤 투자했을 것이고, 그 때문에 효율성에 대한 회의적인 관점도 있는 것 같다. 그러나 수학과 소소한 미학을 함께 즐기는 노트 구성 작업을 비판할 필요는 없을 것 같다.

    교육에 대한 공공 담론은 너무 쉽게 '좋은 방법'과 '나쁜 방법'을 분간하려는 흑백 논리로 전락하곤 한다. 그런데 학교 안팎으로 사용되는 여러 방법 중에 나쁘기만 한 방법도 항상 좋기만 한 방법도 사실상 없다는 것이 현실이다. 공부하는 학생이나 그들을 돕는 부모는 적당한 수준에서 여러 도구를 상호보완적으로 활용하면서 상황에 맞는 '학습 포트폴리오'를 정립해갈 수밖에 없다.

2021. 3. 10.

인종은 분류 가능한가?

"세계 인구 중에 순 백인의 비율은 매우 낮다. 유럽에서도 스페인인, 이탈리아인, 프랑스인, 러시아인 및 스웨덴인은 일반적으로 거무스름한 피부다. 독일인도 대체로 거무스름한데 그중 작센족만이 영국인과 함께 지구상에서 백인의 주류를 이룬다." 미국의 사상가 벤저민 프랭클린이 1751년에 쓴 에세이 《인류의 증가, 국가, 이민 등에 관한 고찰Observations Concerning the Increase of Mankind, Peopling of Countries, etc.》에 나오는 대목이다.

2007년 영국으로 이사 오면서 인종에 대한 인식이 미국에 살 때와 상당히 달라지기 시작했다. 그 당시 아직 어렸던 아이들과 함께 런던 시내 공원에서 놀면서 주위 사람들을 관찰하면 미국에서 흔하던 흑인·백인·황인 식의 분류법에 잘 들어맞지 않는 사람들이 많았기 때문이다. 신체적 특징들의 연속적인 분포가 몸으로 느껴진 것이다. 피부색만 해도 백인과 흑인이라고 할 만한 극단 사이에 굉장히 다양한 피부색이 있음을 볼 수 있었다.

추정하기로는 유라시아와 아프리카 대륙의 인구가 꽤 고르게 섞여 있었기 때문인 것 같다. 런던에는 백인과 흑인, 동양인도 많지만 중동인, 남아시아인도 있다. 또한 유럽에서도 중부, 지중해, 발칸반도 그리고 구소련의 영역 방방곡곡에서 온 사람들이 모여 살고 있다.

　　20세기 이후로 과학자들은 생물의 분류를 두 가지 상호보완적인 시각으로 접근한다. 유전적 요소들을 고려한 '유전자형'에 의한 분류와 생물체의 발생과 성장 과정에서 나타나는 외부 특징들을 이용한 '표현형'에 따른 분류다. 물론 우리가 일상적으로 인식하는 현상은 생물의 표현형적 분류다. 생물학적 분류를 따르면 인간은 다 같은 종이지만, 어느 관점에서든 '인종'이라는 구분이 어느 정도 유의미한지를 물을 수 있다.

　　영어에서 'race(인종)'라는 단어는 16세기쯤부터 다소 불분명하게 사용되다가 17~19세기에 대영제국이 확장하면서 일종의 생물학적 개념으로 차차 자리 잡았다고 한다. 그때쯤 미주 원주민이나 아프리카인과 유럽인의 차이를 과학적인 분류로 생각하는 관습이 생겨났다.

　　당연한 이야기지만 이런 개념은 정치적 판도와 사회적 편견의 영향 속에서 형성됐기 때문에 시대 분위기에 따라 특정한 모집단이 백인으로 분류되기도 하고 안 되기도 한 사례들이 몇몇 있다. 프랭클린 역시 '유럽인' 중에서도 독일인처럼 열등하다고 생각했던 사람들은 백인의 서열에서 제외하고 싶었던 것이다.

　　'인종이란 것이 실제 존재하는가'를 물을 때 한 가지 조심할 점은 이 질문의 정확한 해석이다. 표현형이든 유전자형이든, 다양한 형태가 있다는 사실 자체를 인종 차이로 오해하는 일을 종종 볼 수 있다. 가령 한국인과 영국인은 상당히 다르다는 상식적인 관찰을 인종의 분류로 생각하는 것이다. 그러나 엄밀히 말하면 인종은 통계적 '군집'을 통해서만 이해할 수 있는 수학적 개념이다.

달리 이야기하면 다양한 인류의 집합을 다 모아놨을 때 이런저런 부분 집합 사이에 '자연스러운 경계선'이 존재하는가가 관건이다. 서울을 강북과 강남으로 나눠서 생각하는 것은 자연 경계를 근거로 한 구분이지만 서울과 경기도는 서로 다른 지역이면서도 둘 사이의 경계는 역사와 편의와 임의성의 복합적인 효과로 나타났을 것이다. 강북과 강남의 구분도 강원도를 포함한 나라 전체의 관점에서는 물론 의미가 사라진다. 인종이라는 개념을 정확하게 거론하려면 인간의 형태에 관한 측정 가능한 데이터를 모아놓고 몇 개의 군집을 이루는지 알아봐야 한다.

인간 DNA의 구성요소들을 완전히 나열하는 '인간 게놈 프로젝트'는 1990년에 시작해서 2003년에 종결됐다. 그 이후로 '유전자형' 관점에서 여러 인간들의 데이터 기반 비교가 가능해졌다. 인구 유전학에 기반해서 따져본 인종의 존재 여부는 열띤 토론으로 이어져서 현재는 인종이 없다는 방향으로 과학계의 의견이 모아지고 있다.

주 어리 미친 인자나 측성 가능한 외부 특징의 분포는 군집 형성을 불가능하게 하는 큰 '인류 덩어리'를 이룬다는 의견이 주류다. 물론 인종의 유의미함을 강력하게 주장하는 학자들도 아직 있다. 그러나 그들 역시 유럽만 포함하는 테두리를 긋는 것은 불가능하다고 인정해서 '통계적인 백인'의 분류 속에 북아프리카인, 중동인, 북인도인 등을 포함한다.

이민과 관련된 이슈가 자주 거론되는 세상에서 '인종'이라는 개념은 여전히 사회적 갈등의 중요한 요소로 작용하고 있다. 예를 들면 이스라엘과 팔레스타인 사이 분쟁의 복잡한 배경에도 한쪽은 일종의 유럽인 정체성이 강하다는 사실이 중요하게 작용한다. 문명과 역사의 흐름 속에서 지중해 주위의 문화권을 유럽과 아시아와 아프리카로 나누는 것은 사실상 불가능하다. 인종의 구분은 그보다도 더 모호하다는 사실을 널리 알릴 필요가 있다.

2021. 6. 2.

한국인 노벨 화학상?

여러 해 전에 나라별로 노벨상 수상자를 분류한 위키피디아 목록에 한국인이 두 명 수록돼 있는 것을 보고 놀란 일이 있었다. 한 명은 평화상을 받은 김대중 대통령이었고, 또 한 사람은 화학상을 받은 찰스 존 피더슨이었다.

피더슨은 1904년에 부산에서 태어났다. 그의 아버지는 노르웨이인, 어머니는 일본인이었다. 이 항목을 비판적으로 보는 사람이 많아서 지금은 피더슨의 한국 연고가 삭제됐다. 한국에서 태어났다는 이유만으로 '한국인 노벨상 수상자'로 분류하는 것은 억지라는 말은 타당하다. 그런데 세계를 둘러보면 그런 '억지'는 흔하다.

이런 종류의 논란 중에 가장 눈에 띄는 경우는 스포츠 선수들의 국적이다. 가령 올림픽 출전 선수들의 국적 변경은 자주 관심의 대상이 된다. 2018년에 〈국적 연구Citizenship Studies〉 저널에서 올림픽 팀의 일원이 되면서 국적을 바꾼 운동선수 167명의 사례를 분석해서 '국적의 시장경제'를 연구하는 논문이 실렸다. 정확히 국적 이야기는 아니지만 최근에 US오픈 테니스에서 우승한 에마 라두카누를 자랑스럽게 여기는 중국인이 많아서 영국에서 의아해하기도 했다.

그런데 영국 내의 이민 커뮤니티는 그녀를 둘러싼 영국민의 애국적인 환호를 위선으로 보기도 했다. 평소에 차별의 대상이던 이민자를 갑자기 '자랑스러운 영국인'으로 대접한다는 것이었다. '성공하면 아버지가 많고 실패하면 고아'라는 속담이 생각나지 않을 수 없었다.

아인슈타인의 경우 미국, 독일, 스위스가 다 자국의 노벨상 수상자로 선전한다. 위키피디아에 실린 그의 국적은 다음과 같다. '뷔르템베르크 왕국(1879~1896), 무국적(1896~1901), 스위스(1901~1955), 오스트리아·헝가리제국(1911~1912), 프로이센왕국(1914~1918), 바이마르공화국(1918~1933), 미국(1940~1955).' 이렇게 다소 얄팍한 연고를 홍보에 사용하는 기관이 국가만 있는 것은 당연히 아니다.

옥스퍼드대학교의 머튼칼리지에는 시인 T.S. 엘리엇의 발자취가 사방에 전시돼 있다. 대형 강의실 건물을 완공한 2010년 'T.S. 엘리엇 극장'이라고 이름 지었는데, 전부터 있던 T.S. 엘리엇 회의실과 혼동돼 방 이름을 바꾸기도 했다. 칼리지의 홍보물에 엘리엇의 이름이 한없이 등장하는 것은 물론이다. 정작 엘리엇이 머튼에서 지낸 기간은 방문 학생으로 온 1914년 가을부터 고작 1년이었고, 옥스퍼드를 너무 싫어해서 런던으로 자주 도피했다는 것은 잘 알려진 사실이다. 참고로 머튼칼리지는 1264년에 창건된 옥스퍼드의 가장 오래된 칼리지 세 개 중 하나이고, 자산 규모는 옥스퍼드의 39개 칼리지 중 상위 5~6위를 항상 맴돈다.

유명인의 국적을 중요시하는 근본적인 이유는 이해할 만하다. 기본적으로 수상자와 같은 나라 사람이면 자신도 그만한 성취를 이룰 수 있는 여건이 있다는 사람들의 긍지, 위안 때문일 것 같다.

노벨 재단 홈페이지에 적혀 있는 찰스 존 피더슨의 이력은 흥미롭다. 그의 아버지는 선박 엔지니어로 화물선을 타고 동양으로 왔다가 영국이 관할하는 조선 세관에서 일했다. 그러다가 미국의 동양광업개발회사가 운영하는 평안북도 운산 금광에 엔지니어로 취직했고, 거기서 피더슨의 어머니인 야스이 다키노와 만나서 결혼했다. 어머니는 그 당시 조선에서 무역회사를 운영하던 가족과 운산 근방에서 살고 있었다고 한다.

운산 금광에서는 영어가 통용됐기 때문에 피더슨은 한국어를 배울 기회가 없었다. 그는 8세에 영어로 교육받을 수 있는 일본 나가사키의 가톨릭계 학교로 보내졌다. 이어 미국 오하이오주의 데이턴대학교로 진학했고 매사추세츠공과대학교에서 석사학위를 받은 뒤 듀폰사에 취직해서 일생을 연구원으로 일했다. 그리고 특이한 촉매 크라운 에테르를 발견한 업적을 인정받아 1987년에 노벨상을 받았다. 짧은 이력으로 판단하자면 그는 특정 국적으로 분류하기 어려운 부류의 사람 같고, 또 다분히 실용적인 시각의 소유자 같기도 하다. 그의 부모 역시 무역과 기회를 좇아서 세계를 돌아다닌 사람들이었다.

어떤 의미에서든 인생의 성공을 원하는 것은 자연스럽다. 그러나 지금도 인간 사회의 특권과 계급의 작용 때문에 별다른 기회 없이 어려운 삶을 이어가는 사람이 많다. 그런가 하면 전 세계의 지적·문화적·교육적 자원에 점점 많은 사람이 접근 가능한 시대인 것 또한 사실이다. 그런 여건 속에서 노벨상 수상자의 국적에 어느 정도 집착하는 것이 적절한지 생각해봄 직하다.

2021. 10. 20.

탐구 도구로서의 인공지능

최근까지 미디어에 자주 등장하던 영국의 정치인 J는 공석에서 부족한 지식을 바탕으로 별 근거 없는 논리를 그럴듯하게 펼친다는 비판을 자주 받았다. J의 어떤 황당한 연설이 구설에 오를 때면 내 친구들 사이에서 그는 '전형적인 옥스퍼드 교육의 산물'이라는 농담 섞인 말이 오갔다. 교수와 만나 토론하는 '튜토리얼' 수업이 중요한 옥스퍼드대학교에서는 배경지식과 뚜렷한 사고력 없이도 주워들은 문장들을 그럴싸하게 짜깁어 달변을 늘어놓는 학생을 자주 목격한다는 이야기였다.

모방과 진정한 이해의 차이가 무엇인가는 상당히 오래된 인식론적 질문이다. 1980년대 철학자 존 서얼의 사고실험 '중국어 방'은 이 질문에 관한 다양한 시각의 가능성을 보여준다. 어떤 방 안에 갇힌 사람은 중국어는 못하지만 중국어 질문과 그 질문에 따른 답변 목록을 가지고 있다. 중국어 문장이 쓰인 종이를 문 밑으로 건네받으면 그는 목록을 참고해 적당한 반응의 중국어 문장을 적어 바깥으로 건넨다. 이 경우 바깥에서는 그가 중국어를 잘하는 것으로 생각할 수 있다고 서얼은 주장한다.

서얼은 이 실험에서 인공지능을 상징하는 중

국어 방을 통해 '이해'의 '이해의 모방'의 경계를 보여줌으로써 인공지능의 한계를 보여주려고 했다. 교육자 입장에서는 이 경계의 모호함을 너그럽게 받아들이는 것 또한 중요하다. 학생을 오래 가르치다 보면 모방 섞인 이해가 깊은 이해로 바뀌기도 하고, 나 자신의 이해가 일부는 모방에 가까웠다는 사실을 부단히 발견하기 때문이다.

인공지능 챗GPT가 세계적인 관심 대상이 되면서 교육계에서 다양한 반응이 나온다. 특히 논술형 과제가 문제가 된다. 여러 사람의 실험에 따르면, 기계는 제시된 주제로 괜찮은 수준의 에세이를 쓰는 능력이 특히 뛰어나기 때문이다. 챗GPT가 정치가 J 정도의 학위를 받을 실력이 될지도 모른다. 서얼의 '중국어 방' 수준 에세이도 써낼 수 있지 않을까.

한 가지 재미있는 점은 수학계에서는 큰 걱정이 (아직은) 제기되지 않는 점이다. 즉 대학교 수준의 수학은 실력 평가 성격상 인공지능의 위협을 느끼지 않는다는 분위기다. 이는 몇십 년 전에 비슷한 '위기'를 겪었기 때문인지도 모른다. 계산기가 일상화될 무렵 수학계는 고민에 빠졌고, 평가의 객관성을 유지하기 위해 숙제나 시험을 변형해야 했다. 그렇지만 현재 계산기는 상당히 중요한 교육적 역할을 하고 있다. 대학교 미적분학 강좌 등에서 계산기의 적절한 사용은 학생의 이해를 크게 증진할 수 있다는 공감대가 형성돼 있다.

교육과 평가의 영역을 벗어나, 진리 그 자체를 탐구하는 과학계에서는 계산기와 비슷하게 챗GPT 같은 도구가 적극적으로 활용될 것으로 보인다. 궁극적인 목적인 세상의 이해에 도움이 된다면 무엇이든 사용할 수 있다는 개념적 기회주의가 연구자들 사이에 성행하기 때문이다.

　　컴퓨터 덕분에 가능해진 과학의 발전은 당연히 나열할 수 없을 만큼 많다. 몇 년 전 신문에 실린 은하계 중심 블랙홀의 사진은 고성능 계산기와 데이터과학이 가능하게 만든 인간의 첨단 탐구 능력을 대변한다. 또, 아직 기능을 제대로 갖추기도 전에 양자컴퓨터는 노벨 물리학상 주제가 될 만큼 과학적 중요성을 인정받았다. 다양한 인공지능이 과학 연구에 적용되면서 챗GPT 같은 초대형 언어모델이 줄 수 있는 도움 또한 기대 대상이다.

　　계산물리학 박사과정을 밟는 학생 하나가 컴퓨터를 이용해 아인슈타인 방정식을 푸는 문제를 연구하고 있다. 꽤 오래된 연구 주제지만 더 효율적인 계산법을 찾는 것은 여전히 중요하다. 학생은 새로운 방법론에 관한 논문을 쓰다가 주 아이디어를 실현할 복잡한 컴퓨터 프로그램을 만드는 데 챗GPT의 도움을 받았다고 한다. 비록 기계가 한 번에 프로그램을 짜줄 능력은 없지만, (때로는 터무니없는) 오류 섞인 초안도 긴 프로그램을 만드는 과정에서 상당히 유용할 수 있다는 이야기다.

요점은 연구의 목적이 아인슈타인 방정식의 해를 이용한 우주의 성질 탐구라는 것이다. 여기서 코딩은 부수적인 작업이어서 길고 짜증스러운 일을 대신 해줄 수 있는 기계가 있다면 굳이 활용을 마다할 이유가 없다. 코딩하는 데 할애할 시간을 훨씬 창조적으로 활용할 수 있으니 말이다.

새로운 테크놀로지가 불가피하게 만드는 사회·경제적 변화에 최대한 안정적으로 반응하는 방법을 찾는 것은 물론 중요한 정치적 과제다. 그러나 세상을 이해하고 싶은 학자로서는 인공지능의 시대가 제시해주는 가능성이 흥미롭지 않을 수 없다.

2023. 3. 8.

없어진 세상에 대한 향수

 이번 학기 케임브리지대학교의 트리니티칼리지에 머물면서 참석한 학술 행사 중 가장 인상적인 것은 '클라크 강연'이었던 것 같다. 영국의 다른 대학들이 갖지 못한 옥스퍼드와 케임브리지의 장점은, 제각기 전통과 자산과 학문 공동체를 지닌 여러 칼리지의 연방 구조가 전체 대학교를 이룬다는 사실이다. 칼리지 중심의 다양한 학술과 문화 활동이 다양하게 진행되고 있기에 전공 분야 밖에서도 심도 있는 토론에 참여할 기회가 많다. 그런 토론은 식사 시간이나 다과실에서도 일어나지만, 클라크 강연처럼 꽤 중요한 공식 이벤트를 칼리지에서 주관하기도 한다.
 1888년부터 매년 한 번씩 개최된 이 행사는 세계적으로 꽤 유서 깊은 인문학 석학 강연 중 하나다. 2024년에는 미국 스탠퍼드대학교의 이탈리아문학 교수 로버트 포그 해리슨이 2주 동안 트리니티칼리지에 묵으면서 네 차례 강의를 통해 현대과학에 대한 비판론을 전개했다.
 첫 번째 강의에서 그는 최근에 제임스 웹 천체망원경이 찍은 적외선 사진에 나타나는 수많은 외부 은하들을 보여주며 이를 '수상한 무한대'라고 칭했다. 우주에 대한 지식이 상상하기 어려울 정도로 빨리 늘어나는 기급 시내에 그런 과학적 발전의 진정성에 대해 그는 회의적이었다. 그는 1966년 달 근처에서 우주탐사선이 보내온 지구의 이미지를 보며 독일 철학자 하이데거가 전개한 비관론을 인용하면서, 지금의 천체물리학도 인간 삶의 가치와 관계없는 방향으로 흐른다고 암시했다.

강연 시리즈 전체의 주제를 한마디로 요약하자면 '지구 대기 속에서 찾을 수 있는 무한한 영감'이었다. 생명과 생태계의 기적, 강과 나무의 상호작용, 인간의 오감으로 파악할 수 있는 여러 생화학적 현상에 집중하면서 지적 탐구의 인문적인 가치가 되살아나야 한다는 이야기가 포함돼 있었다.

훗날의 대화에서 밝혀진 해리슨의 동기는 우리나라에서도 많이 거론되는 '문과의 위기' 혹은 문과와 이과 사이 갈등이었다. 미국의 대학 입학 전문 회사 코펠만그룹 통계에 따르면, 2020년 한 해 동안 스탠퍼드대학교는 해리슨의 전공인 이탈리아문학과에서 딱 한 명의 졸업생을 배출했다. 그와 비슷한 전통의 외국 문학이라고 할 만한 스페인문학도 한 명, 독일문학은 두 명을 졸업시켰다. 같은 해 스탠퍼드대학교 컴퓨터과학 전공 졸업생은 300명 이상이었고 2023년에는 전체 졸업생 중 16퍼센트가 컴퓨터과학을 전공(복수 전공 포함)했다고 한다.

해리슨 자신은 자연과학에 지대한 관심을 가지고 비전문가로서 공부해온 지 오래라고 한다. 원자폭

탄이나 화학무기 같은 파괴적인 발명 혹은 정보과학의 난무에 대한 비판은 꽤 오래전부터 있었지만, 보통은 큰 영감을 주는 대상으로 여겨지는 별과 은하와 우주의 탐구까지 수상하게 여기는 그의 시각은 다소 놀랍고 신선했다.

과학 발전에 대한 비관론에 과학자들이 기여하는 바가 많은 것은 물론이다. 하지만 만사에 '정답'을 찾았다고 주장하는 적나라한 자신감은 물리·화학·생물·의학 전역에 걸쳐서 일반인의 괴리감을 조장한다. 인문학적 소양이 과학의 오만을 순화할 잠재력을 지녔음은 누구나 동의할 것이다.

그럼에도 불구하고 해리슨의 강연에서 공감하기 어려웠던 부분은 지속해서 표현된 '향수의 가치관'이었다. 그는 미학과 철학을 겸비한 시들의 낭송을 각 강의의 중요한 지점에 배치했다. 레오파르디, 로제티, 횔덜린, 릴케, 스티븐스 등의 다양한 시를 통해서 이론적인 담론으로 표현하기 어려운 깊은 직관을 청중에게 전하고자 한 것이다.

여러 문체와 문화 조류를 바탕으로 삼아 글을 쓴 이 시인들의 작품은 바로 향수의 핵심적인 역할을 공유한다. 이것은 '과학 기술 비판론'이 자주 빠지는 함정이기도 하다. 무엇이 문제인가에 대한 추궁은 결국 '없어진 세상'에 대한 막연한 향수로 낙착되기 쉽기 때문이다.

향수는 창조의 원동력이 되기도 하고 인생을 바라보는 시각에 약간의 슬픔을 곁들인 깊이를 부여하기도 한다. 그러나 인간을 선도할 가치관의 원천으로서의 향수는 상당한 불안정성을 내포하고 있다(이는 어쩌면 19세기와 20세기 유럽 낭만주의 역사의 중요한 교훈이다).

가장 큰 약점은 향수의 대상이 사실은 모호하다는 것이다. 낭만주의자 마음속의 '고향'은 실존한 일이 거의 없고 영원의 환영 속에 '전통'은 항상 재발명된다. 주어진 현실을 직시하는 꿋꿋한 정신에 기반하여 인간의 영적인 가치를 되살리는 어려운 작업은 인문학과 자연과학에 공통으로 주어진 과제가 아닌가 싶다.

2023. 6. 7.

단순한
아이디어의 힘

　　　　　루트비히 볼츠만은 19세기의 가장 중요한 과학자 중 한 명이다. 그는 특히 현대적인 관점에서 자연현상을 정밀하게 이해하는 데 필수 불가결한 통계역학의 기반을 다진 인물이다. 지금은 대부분의 사람이 모든 물질이 원자로 이뤄졌다는 사실을 안다. 그런데 어떻게 해서 그런 원자들이 합쳐져 우리가 감지하는 세상의 모습으로 나타나는지 상상하기는 어렵다.

　　　　　미세하고 수많은 원자들은 항상 복잡하게 움직이고 있음에도 우리가 경험하는 거시적인 세계의 물체들은 비교적 안정적인 성질들을 가지고 있다. 이 현상을 설명하는 것이 바로 통계역학이다. 기본 원리는 낱개의 원자들이 한없이 움직이더라도 이들의 위치와 속도가 이루는 확률분포는 지속적이라는 것이다. 그런 의미에서 우리의 경험이 본질적으로 확률·통계적이라는 아주 근본적인 사실을 볼츠만과 그 주위 인물들이 연구로 밝혀냈다.

　　　　　이번 가을에 볼츠만의 이름이 전에 없이 일반인들 사이에 알려졌다. 노벨 물리학상을 받은 '인공지능의 대부' 제프리 힌턴의 업적을 묘사하는 노벨 재단의 글에서 인공지능의 통계역학적인 근간, 특히 그가 고안한 인공 신경망 중 하나인 '볼츠만 기계'가 중요하게 언급됐기 때문이다.

물리학자가 아닌 힌턴이 물리학상을 받은 것은 의외였다. 볼츠만 기계나 그와 유사한 통계역학적인 구조를 이용하는 기계는 지금 기준으로는 인공 신경망 가운데서 실용성이 낮다는 게 구체적인 비판이다. 따라서 컴퓨터 과학자들 사이에선 이번 결정을 인공지능과 물리학의 연결점을 인위적으로 만들려는 의도로 해석하는 관점도 대두됐다.

그러나 수백억 개의 뇌세포로 이뤄진 생물학적인 뇌의 작용이 근본적으로 통계역학적인 현상이고 그 때문에 수천만 개의 연결선으로 구성된 인공 신경망의 이해도 궁극적으로는 통계역학에 근거해야 한다는 주장도 설득력 있다.

즉 힌턴을 노벨상 수상자로 선정한 것은 볼츠만 등이 개발한 자연 물질의 이론이 결국 인공지능에도 적용될 것이라는 기대를 반영한다고 볼 수 있다. 물리학 연구에 도움을 줄 만한 핵심적인 기계의 개발이 힌턴의 주 업적이라는 노벨 재단의 설명은 더욱 공감할 만하다. 화학상의 주제가 된 단백질의 삼차원 구조 계산 같은 대단한 난제를 물리학이 아직 해결하지는 못했지만 인공지능은 이미 물리학 연구의 필수 요소인 것이 분명하다. 근본 연구를 직접 하지 않았더라도 다른 연구에 도움이 될 만한 테크닉의 발명 때문에 노벨상을 받은 학자는 이미 많기도 하다.

분야의 경계를 넘어서 노벨상이 수여된 경우는 사실 꽤 많은 편이다. 수학자 가운데 노벨 경제학상을 받은 사람이 다수고 그중에는 영화 〈뷰티풀 마인드〉의 주인공 존 내시처럼 박사학위를 전후해서 잠시 경제학 연구를 한 뒤 순수 수학적 업적만 낸 사람도 있다. 또 통상의 문학과는 거리가 먼 노벨 문학상 수상자로 지금은 거의 잊힌 독일 철학자 루돌프 오이켄(1908년 수상)을 비롯해서 철학자 앙리 베르그송(1927년 수상)과 버트런드 러셀(1950년 수상), 영국 수상 윈스턴 처칠(1953년 수상) 등이 있다(아마도 처칠은 정치적인 이유로 상을 받았을 것이다).

나는 수학자의 입장에서 힌턴의 업적에서 약간 다른 면모에 주목했다. 볼츠만 기계에 사용되는 아이디어가 매우 간단하다는 사실이다. 볼츠만 기계를 이해하려면 학부 수준의 미적분학과 선형대수, 통계역학의 아주 기본적인 근간 이상은 필요 없다. 바로 이런 이유로 힌턴의 노벨상 수상이 물리학의 개방성과 창의성을 표현한다는 느낌을 받았다.

수학계와 물리학계 사이의 큰 문화 차이가 물리학자들은 단순하지만 파급 효과가 큰 아이디어를 대단히 중시한다는 사실이다. 그에 비해 수학자들은 어마어마하게 어려운 결과로 이어지지 않는 개념은 아무리 기발해도 괄시하는 경향이 있다.

특히 수학자들은 아이디어를 낸 사람보다는 그 아이디어를 끝없는 노력과 결합해서 놀라운 결론을 내리는 사람을 대체로 영웅시한다. 힌턴은 중요한 수학적 개념들도 당연히 차용해왔고 수학자들도 점점 빈번하게 인공지능을 연구 도구로 사용하고 있다. 그럼에도 불구하고 '수학의 노벨상'으로 칭하는 아벨상을 힌턴에게 줄 가능성은 희박해 보인다.

2024. 11. 6.

인공지능은 무엇을 할 수 있는가?

위키피디아에 다음과 같이 정의되어 있다. "인공 일반 지능人工一般知能은 인간이 할 수 있는 어떠한 지적인 업무도 성공적으로 해낼 수 있는 (가상) 기계의 지능을 말한다." 바둑 천재 이세돌을 이긴 알파고처럼 언론에 보도되는 놀라운 혁신은 다 특화된 기술만 지닌 인공지능에 관한 것들이다.

근년에 유명해진 챗GPT 같은 대규모 언어 모델은 대화나 정보 수집·전달을 인간처럼 또는 인간보다 훨씬 잘하지만, 그림을 그리는 것만 해도 초보적인 실수가 잦다. 수학 문제도 어떤 것은 잘 풀다가 비슷한 수준의 다른 문제엔 가끔 기상천외한 오류를 보인다. 그 때문에 '인공지능이 할 수 있는 것과 할 수 없는 것'에 대한 기준이 혼란스럽고 모호하다.

'일반'이란 말은 특정한 제약 없이 인간이 할 만한 작업은 모두 할 수 있다는 뜻이다. '인공 일반 지능이 가능한가?'는 계산과학과 뇌과학, 철학의 경계에서 자주 대두되는 핵심 질문이다. 그러나 이 질문의 난해함은 사실 위의 정의가 별로 소용이 없다는 데서 기원한다. '인간이 할 수 있는 지적인 업무'가 정확하게 무엇인지 모르기 때문이다. '인간이 무엇을 할 수 있는가?'를 모르는 상태에서 그것을 모두 할 수 있는 기계의 가능성을 타진한다는 건 당연히 어렵다.

20세기 중반에 그 당시 존재하지도 않던 학문인 계산과학의 근간을 이룬 주요 질문들도 비슷한 부류였다. 1936년 영국 수학자 앨런 튜링은 《계산 가능한 수On Computable Numbers, with an Application to the Entscheidungsproblem》라는 논문에서 지금은 '튜링 기계'라고 불리는 이론적인 컴퓨터의 설계를 제안했다. 현재 사용되는 모든 컴퓨터는 튜링 기계의 구현이라는 점에서 튜링은 현대 컴퓨터의 발명자라고 할 수 있다(튜링 기계에 대한 설명은 위키피디아를 참고하기 바란다). 그러나 튜링의 논문은 실제 사용할 기계를 만들기 위해서라기보다 '계산이란 무엇인가?'라는 근본적 질문을 탐구하기 위해서 쓰였다.

계산과 관련된 풍부한 역사는 학자들 사이에서도 잘 알려지지 않았다는 인상을 받는다. 최근 '계산한다'는 일종의 단순 작업으로 간주돼 교육과정에서 과소평가되기도 한다. 각종 계산 기법은 태곳적부터 과학기술을 통한 문명 발전을 촉진해왔고, 현대에 사용되는 모든 기계 제작에서 절대적으로 중요하다.

또한 계산과 관련된 심오한 개념적 문제는 세상의 구성과 가능성에 대한 근본적인 질문을 던지기도 한다. 이상하게도 그중에는 다양한 종류의 '불가능성 정리와 예측'이 많다. 예를 들면, 클레이수학연구소에서 100만 달러의 상금을 내건 '밀레니엄 문제' 중에 특정한

최적화 작업을 실행하는 효율적인 계산법이 없다는 소위 'P≠NP 추측'이 그중 하나다(아무리 복잡해 보이는 작업도 기발한 방법론이 숨어 있을 수 있기 때문에 이런 명제의 증명은 어렵다).

그런데 짐작할 수 있듯, 이런 결과의 증명을 시도하려면 '계산'이 무엇인지를 수학적으로 정확하게 규명해야 한다. 그런 정의가 바로 튜링의 논문 주제여서 지금은 '계산할 수 없다'는 것은 '튜링 기계로 실행 불가능하다'는 의미로 사용된다.

튜링과 그의 지도 교수였던 알론조 처치는 우리가 직관적으로 '계산'이라고 느끼는 모든 작업은 튜링 기계로 실행할 수 있다는 '처치-튜링 가설'을 제안했고 이 원리는 이제 보편적으로 받아들여진다. 즉 모호한 개념인 '계산한다'는 '튜링 기계로 실행한다'는 명료한 개념으로 대체됐고, 사람들은 이를 타당하다고 받아들인다.

이 관점에서 보면 '인공 일반 지능이 가능한가?'라는 질문은 '인간 뇌의 기능이 모두 일종의 계산인가?'라는 질문과 거의 같아진다. 현대 뇌과학자들의 주류는 뇌의 기능을 계산으로 생각하는 경향이 있다. 뇌의 기능을 과학적으로 완벽하게 기술하는 것이 가능하다고 믿기 때문이다. 물론 이에 대한 반론도 지속적으로 제기돼왔고, 인간 지능이 과연 뇌의 기능만으로 설명되느냐는 더 근본적인 질문도 가능하다(가령 고대 철학자 아리스토텔레스는 마을이 심장 속에 있다고 생각했나).

실용적 컴퓨터의 대부로 알려진 수학자 존 폰 노이만은 "기계가 할 수 없다고 생각되는 작업 하나를 아주 정확하게만 묘사해주면 그 작업을 할 수 있는 기계를 만들어주겠다"고 말했다고 한다. 그러나 인간의 지적 능력이 무엇인지를 인간 자신이 정확하게 규명할 수 있을지에 대해 나는 꽤 회의적이다.

2024. 4. 10.

로마에 수학자가
없었던 이유

영국의 철학자 앨프리드 노스 화이트헤드는 저서 《수학 입문An Introduction to Mathematics》의 한 대목에서, 로마와 카르타고 사이에 일어난 제2차 포에니전쟁 중 기원전 212년 수학자 아르키메데스의 죽음에 큰 의미를 부여한다. "로마 군인에게 그가 살해당한 사건은 세계 역사의 큰 변화를 상징한다. 추상적 과학을 사랑하는 이론가였던 그리스인 대신에 실용적인 로마인이 유럽 문화의 선두에 나선 것이다."

화이트헤드는 이 대목, 그리고 책 이곳저곳에서 19세기에 교육받은 영국 지식인답게 고대 역사에 관한 많은 오해를 드러내고 있다. 그의 여러 오류 중 일부만 수학자의 관점에서 잠깐 생각해보자.

화이트헤드뿐만 아니라 많은 사람이 19세기 이후로 '어째서 고대 로마에 수학자가 없었나?' 하고 질문을 던지면서 '로마인의 실용적인 세계관'을 들먹이길 좋아했다. 때로는 그런 실용성에 대한 집착을 로마 문화의 전반적인 궁핍과 궁극적인 멸망에까지 결부시키려고 했다(로마 문명은 아르키메데스 죽음 이후 아무리 좁게 해석해도 600년가량 지속했다).

로마 시대에도 우리가 보통 수학자 혹은 수리과학자라고 할 만한 사람은 물론 많았다. 문화·과학·기술 듯이 시대에 따라 전성기를 거치기도 하고 발전이 느릴 때도 있겠지만, 1천 년 넘게 지속한 로마 공화국과 제국에 수학자가 없었다는 말을 그대로 믿기는 어려울 것이다.

우선 '로마 수학자가 없었다'는 말을 '뛰어난 로마 수학자가 없었다'는 말로 너그럽게 해석하기로 하자. 하나의 가능성은 그런 주장을 정당화하려는 사람들이 로마 수학자를 일부러 평가절하했다는 것이다. 그런데 현실은 그보다 훨씬 간단하다. 로마 수학자가 없게끔 미리 '로마 수학자'의 의미를 정의해버렸기 때문이다.

로마 시대의 유명한 수학자 몇 명을 꼽아보자. 후대에 가장 영향을 많이 미친 사람 중 하나는 클라우디우스 프톨레마이오스다. 그는 기원후 2세기경 알렉산드리아 근방에 살면서 천문학·물리학·수학·음악 등을 다방면으로 연구했다.

그의 가장 유명한 책은 나중에 《알마게스트 Almagest》라는 이름으로 알려진 수리천문학 책이다. 원제목 '수학적 질서 Mathematikē Syntaxis'가 암시하듯이, 그는 이 책에서 서남아시아와 지중해 문명의 수학적 지식과 관측 데이터를 집대성하면서 그 체계를 이용해 태양계 이론을 한 번에 구축하려고 시도했다. 이 책을 통해서 고대 수학의 이론적 전개를 깊이 들여다볼 수 있고, 우주를 수학적으로 모델링한 초기 천체물리학의 모습을 읽을 수 있다. 이 이론은 저자가 죽은 뒤 약 1천 년 넘게 후대 과학자들에 의해 인용됐다.

　그 외에도 기원후 알렉산드리아는 많은 수학자를 배출했다. 삼각형의 넓이 공식으로 유명한 헤론, 방정식의 정수해 이론을 창시한 디오판토스, 고대의 가장 유명한 여성 수학자 히파티아 등이 그 근방에 살면서 활동했다. 그들의 정체성에 혼란이 야기되는 이유 중 하나는 유럽의 영향력 있는 고전학자들이 많은 로마 시대 학자들을 '그리스인'이라고 분류했기 때문이다.

　위에 언급한 사례들의 경우, 그들이 그리스인이라는 주장은 별다른 근거를 찾기 어렵다. 그들의 인생에 관해 구체적으로 남아 있는 기록이 적고, 인종조차 알려진 게 없기 때문이다. 그들이 살던 당시 알렉산드리아는 로마제국에 속했다. 이 도시는 알렉산드로스 대왕의 대륙 전쟁에서 유래된 마케도니아 프톨레마이오스 왕조의 중심지였지만, 위치는 예나 지금이나 이집트에 있다(프톨레마이오스 왕조가 어떤 의미에서 '그리스 왕조'였는가도 상당한 논란의 대상이다).

　궁극적으로 그들이 그리스어로 쓴 글이 많이 남아 있다는 것이 그들이 그리스인 수학자라는 가장 유력한 근거다. 지중해 주변에서 여러 가지 이유로 그리스어가 학문의 언어로 통용됐던 것은 사실이다. 그러나 그리스어로 논문을 썼기 때문에 그리스인이라는 주장 자체는, 마치 내가 영어로 논문을 쓰기 때문에 영국인이라는 주장과 비슷하다. 그렇게 따지면 현 세계 수학자 대부분이 영국 수학자고, 뉴턴은 라틴어로 논문을 썼기 때문에 로마 수학자다.

    프톨레마이오스나 헤론이 그리스 수학자로 분류됐던 동기는 여기에서 간략하게 다루기 어려운 복잡한 현상이었다. 16세기 이후 점점 성행한 유럽의 '정체성 정치'가 초래한 문화적 풍토였다고 대략 이해할 수 있다. 학문적 활동의 지정학적인 함의를 완전히 피할 길은 물론 없다. 그러나 세계 문명을 진지하고 정확하게 파악하려는 사람이라면 현재와 과거의 정치적 저의를 경계해야 마땅하다.

2022. 7. 27.

학문은 엄격함으로부터 발전하는가?

매년 6월쯤이면 런던 왕립과학회에서 주관하는 젊은과학자연구비선정위원회에서 의료통계학 전문가 H 교수를 만난다. 그는 성격이 몹시 강하고 사고가 엄밀해서 과학자들 사이에서 상당한 두려움의 대상이다. 실험과학은 통계 기반 학문인데 기존 학술지에 나오는 통계 자료의 투명성이나 해석에 대해 H 교수는 매우 부정적이다. 이 이슈는 여러 분야에서 토론 대상이 돼온 지 오래다.

특히 심리학과 의학의 경우, 이른바 '재현성 위기'가 약 2010년께부터 공론화되면서 집중 공격을 받았다. 또한 과학 실험 결과들이 출판 뒤에도 제대로 검증되지 않는다는 문제의식은 이제 거의 모든 학문 분야로 퍼져나갔다.

H 교수는 이 문제들의 상당 부분이 통계학 남용 때문이라고 믿는다. 그는 많은 연구자가 단순히 통계학 소프트웨어를 활용하는 데 그칠 뿐 그 이상은 이해하려 애쓰지 않는다고 주장한다. 과학자가 사칙연산도 못하면서 계산기만 사용하는 꼴이라는 것이다. 그뿐만 아니라 실험에 성공했든 실패했든 모든 결과의 데이터를 정직하게 수집해야 함에도 그렇지 않은 습관이 의외로 흔하다고 말한다.

실험 데이터 분석이 서투른 과학자는 H 교수의 가차 없는 공격 대상이 된다. 몇 년 전에는 연구비 최종 면접 전형에서 한 후보자가 울음을 터뜨린 일도 있었다. H 교수의 공격적 태도를 어떻게 보느냐와 관계없이, 세계 과학 연구의 중심지에서 진행하는 연구조차 많은 오류를 수반한다. 그런데도 이를 정정하는 과정이 과연 효율적인지를 판단하는 건 어려울 때가 많다. H 교수는 이 문제에 대해 상당히 비관적이다.

대학을 포함해 많은 기관에서 사람들 사이의 권력 작용에 민감해진 분위기를 고려하면 H 교수의 대화 방식은 시대에 어긋나는 면이 많다. 학문적인 담론이라고 해도 격해질 경우 일종의 '갑질'로 인식되기 쉽고, 이는 조직, 사회 또는 학술 공동체 내에서 지위 차이가 뚜렷한 경우 더 문제가 될 수 있다. 또한 교육 현장에서의 공격적인 언행은 비록 학업에 관한 이야기일지라도 내성적인 학생한테는 악영향을 미치기 쉽다.

고백하자면 나도 학생 때부터 지금까지 격한 토론을 피해왔다. 실험 결과의 검증 같은 중대한 사안이 아니어도 경쟁을 수반하거나 갈등을 일으킬 만한 주제는 꺼리는 성향 때문이다. 그래서 연구 분야를 고를 때도 방어적인 태도를 취했다. 박사과정 시절에 (수학적) 초끈이론을 공부하다가 결국 순수 수학인 산술기하로 방향을 바꿔 학위 논문을 썼는데, 이러한 결정에는 그 당시 초끈이론 학계의 대화 문화가 영향을 끼쳤다.

그들 중엔 엄한 이들이 상당히 많았고 이런 성향은 연구뿐만 아니라 소통 방식에서도 마찬가지였다. 심지어 학회에 참석한 대학원생들 사이에서도 상대 논리를 신랄하게 공격하는 분위기가 퍼져 있었다. 물론 과학적 진리를 논하는 토론은 일상적인 대화의 논리적 기준보다 훨씬 엄격해야 한다. 하지만 나처럼 사고 속도가 느리고 논쟁을 기피하는 사람은 발을 들여놓기조차 힘든 환경이었다.

관대하고 부드러운 학문적 대화와 투명하고 엄격한 과학적 기준은 조화롭게 공존할 수 있을까? 솔직히 잘 모르겠다. 나는 개인적으로 H 교수를 존경하지만 지금까지 그만큼 엄밀하게 살지는 못했다. 그래서 실수를 저질러도 세상에 직접 해를 끼칠 확률이 낮은 연구를 하는 것에 안도감을 느낀다.

그런가 하면 나는 수학자여서 과학 논문에서 심각한 수학적 오류를 발견하는 일도 적지 않다. 그럼에도 불구하고 과학의 주류는 기적적으로 발전한다. 그것은 H 교수 같은 용감한 투사들 덕분일 가능성이 높지만, 꼭 그렇다고 단언할 수는 없다.

역사적으로 보면 인류가 세상을 파악해가는 과정은 흥미로우면서도 복잡하다. 오류가 발견을 이끄는 일도 많고, 정확한 진리를 추구하는 사람만이 발전에 기여하는 것도 아니다. H 교수는 의학 연구에서 정량적 엄밀성이 결여됐다며 비판하지만 나는 성격이 자상하고 한자를 보는 눈이 세밀한 의사 선생님의 직관은 대체로 믿는다. 친절한 대화와 격렬한 토론이 아슬아슬하게 평형을 유지하며 과학은 발전한다(예전에 무서워했던 초끈이론 전문가 몇 명과 그새 꽤 친해졌으니 나도 약간씩 발전하고 있는 셈이다).

2024. 6. 19.

3.

배척과 연결 사이: 어울릴 수 없다고 믿었던 것들의 어울림

최초의 현대 기상학자, 데카르트

극심한 장마 때문인지 지난주 강연 도중에 어떤 분이 일기예보의 수학에 대해서 물으셨다. 인공위성의 영향을 과대평가하는 무식한 답을 현장에서 한 후 나중에 찾아보니 요즘도 여전히 기상대나 라디오존데(전파를 이용한 기상 관측 기계), 즉 대기 상층으로 보내는 풍선 안의 기기로 온도, 압력, 습도, 바람의 속도 등을 측정하는 일이 많다고 한다.

일기는 상당히 수학적으로 다루는 것이 가능하다. '일기'의 의미를 정확히 표현하면 '어느 날의 대기 상태'인데, 대기는 일종의 유체이기 때문에 상태의 시간 변화를 결정하는 유체역학의 방정식이 적용되기 때문이다. 그런 방정식은 대기의 현 상태를 충분히 정확하게 입력하면 앞으로의 변화 양상을 정확하게 예측한다. 물론 원칙적으로는 지구 표면 전체의 상태를 알아야 하니까 되도록 많은 장소에서 알아낸 대기 정보가 필요하다. 그런 정보를 모으는 데 재래식 방법과 첨단 테크놀로지가 복합적으로 사용된다.

그런데 대기를 관할하는 방정식은 '카오스'의 대표적인 사례이기도 해서 미래를 예측하는 데 필요한 정보의 정확도가 과도하다. 그래서 현재의 일기예보는 수학적 모델에만 의존하지 않고 다양한 방법론을 적당하게 융합해서 사람이 결정해야 하는 종류의 작업이다. 많은 과학 기술 분야에서 그렇듯이 기상학에서도 인공지능의 역할이 관건이다. 굉장히 많은 데이터의 패턴을 파악해서 미래를 예측하는 작업은 인공지능에 특히 적합한 과제이기 때문이다.

일기예보의 역사를 찾아보다 '최초의 현대 기상학자'가 17세기 철학자 데카르트였다는 약간 색다른 주장을 담고 있는 학술 논문이 눈에 띄었다. "나는 생각하므로 존재한다"는 유명한 명제가 들어 있는 데카르트의 《방법서설》이 과학 논문 세 편에 대한 일종의 서론이었다는 사실은 일반적으로 잘 알려지지 않은 것 같다. 데카르트는 자신의 철학의 실용성을 굳게 믿었기 때문에 서론에서 근본적인 방법론만 제시하면서도 그 방법론의 진지한 응용을 보여주고 싶었던 것 같다. 철학 입문 강좌에서 필수적인 《방법서설》을 정독한 사람 중에 세 편의 논문 중 하나라도 읽은 사람은 소수인 듯하다.

과학의 역사에서 가장 중요한 것은 '기하학'일 것이다. 우리가 학교에서 배우는 '좌표축'의 개념이 처음으로 소개됐고 많은 기하적인 문제를 대수적인 방법으로 서술하고 풀 수 있는 체계가 바로 거기에 기술돼 있다. 따라서 요새 학생들이 '원'이라는 기하적인 객체를 $x^2+y^2=1$로 생각하는 관점의 기초가 그 논문에 들어 있는 것이다.

나머지 두 논문 중 하나는 '광학'인데 17세기

과학에서 광학의 중요성을 고려하면 당연히 데카르트의 관심사였을 것이다. 그 논문에는 빛의 굴절 법칙을 잘못 설명하는 부분이 있다. 지금 기준으로 판단하면 빛의 속도가 무한하다는 중요한 오류 탓이기도 하다. 세 번째 논문은 묘하게도 '기상학'이다. 꽤 광범위한 기상 현상을 10개의 담화로 나눠서 설명하는 이 글에는 현대 열역학의 초기 버전도 들어 있고 무지개의 형성에 대한 비교적 정확한 이론도 나온다.

그런데 어째서 하필 그 중요한 《방법서설》의 본론에 기상학이 포함됐을까? 나는 읽어보지도 않고 오랫동안 이 사실을 이상하게 여겨왔다. 데카르트의 비판 대상이던 스콜라 철학자들이 아리스토텔레스의 기상학을 여전히 믿었던 사실과 관계가 있을 것이라고만 막연히 생각하고 있었다.

그런데 정작 읽어보니 단서는 사실 논문 첫 페이지에 들어 있었다. 기상 현상은 예로부터 신의 영역으로 여겨졌는데 그것을 자연 원리로 설명할 수만 있으면 세계 모든 것을 과학적으로 이해할 수 있다는 데카르트의 기본 철학이 실현되리라는 기대가 표현돼 있는 것이다. 그러니까 기상 현상이 워낙 복잡하면서도 신기해서, 자신의 이론으로 기술하려고 도전한 것이다.

공교롭게도 과학이 발달한 현재까지도 기상 현상을 완전히 이해하기는 어렵다. 유체역학의 정밀한 이론도 수학적으로는 부족한 부분이 많고, 이론적으로 이해된 부분들도 현실적인 계산으로 바꾸는 과정에서 온갖 난관에 부딪힌다. 데카르트의 가장 유명한 집착은, 되도록 적은 가정들로부터 많은 실질적인 추론을 해나가는 과정이었을 것이다.

  예측할 수 있는 미래의 기간을 늘리는 데 필요한 현재의 정보량이 기하급수적으로 증가한다는 것이 카오스라는 현상의 요점이다. 따라서 앞으로의 일기예보는 기계적이면서도 인간의 두뇌로 이해하기 어려운 인공지능에 점점 더 의존하게 될 가능성이 크다.

  이렇게 많은 정보, 즉 빅데이터를 기반으로 추론하는 과학에 대해서 자신의 존재만을 공리로 여기고 싶었던 데카르트는 어떻게 생각했을까? 관중의 시의적절한 질문이 불러일으킨 이상한 질문이다.

2020. 8. 19.

원자론, 보이지 않는 것을 보이게

몇 년 전에 옥스퍼드대학교의 보들리언도서관에서 대량의 헌 수학책들을 수학연구소로 배달해서 공짜로 배포한 일이 있었다. 책보다 공간이 귀한 시대에 계속 늘어나는 장서를 도서관들이 이런 식으로 처분하는 일을 종종 볼 수 있다. 나는 내 소유의 책들도 귀찮은 짐으로 여긴 지 오래됐기에 큰 관심이 없었다. 하지만 한두 번쯤 연구소 바닥에 널려 있는 먼지 덮인 고서들을 지나면서 훑어보다가 루트비히 볼츠만이 쓴《맥스웰의 전기와 빛 이론 강의록》초판이 눈에 띄어서 재빨리 차지해버렸다.

19세기 중반에 전자기학의 체계적인 이론을 정립한 맥스웰은 다른 한편으로 기브스, 볼츠만과 함께 통계물리의 창시자로 간주되기 때문에 볼츠만이 설명하는 맥스웰의 이론이 흥미롭지 않을 수 없었다. 통계물리는 수많은 미세 원자들의 복잡한 상호작용으로부터 일상적인 물체의 성질들이 어떻게 발현되는지를 설명하는 이론이다. 그러므로 현재의 원자론, 즉 세상의 모든 물질이 원자로 이루어졌다는 가설이 받아들여지는 데 결정적 역할을 했다.

눈에 보이지 않는 기본 물질이 물 한 컵, 우리의 몸, 더 나아가 지구 전체나 태양 같은 별을 형성한다는 것이 무슨 의미인지 정립된 수학적 프레임워크 없이는 지금도 파악하기 힘들다. 그래서 서양 사상사에서 원시적인 원자론이 기원전 5세기경에 데모크리토스에 의해서 창시되고 에피쿠로스에 의해서 기원전 4세기쯤 어느 정도 체계화됐다고 전해지지만 믿을 만한 과학이 되는 데는 수천 년이 걸린 것 같다.

      볼츠만의 책을 집에서 자세히 들여다보면서 표제지에 저자의 서명이 돼 있다는 조금 놀라운 발견을 했다. 그 책은 20세기 초에 도서관에 기증된 기록이 붙어 있기 때문에 볼츠만이 1894년에 명예학위를 받으러 옥스퍼드에 왔을 때 소유자가 서명을 부탁한 것으로 추정할 수 있다. 어쩌면 그해가 볼츠만 커리어의 절정기였을 것도 같다.

      지금은 일반인에게도 알려진 '엔트로피'의 개념을 확률론의 관점에서 설명하는 그의 이론은 영미권에서 인정받고 있었다. 그러나 대륙에서, 특히 그가 일하던 빈에서는 원자론에 대한 거센 비판이 주류여서 볼츠만은 상당한 정신적 고통에 시달렸다고 한다. 그 당시 많은 독일권 철학자들은 감각의 세계를 초월하는 원자의 존재를 믿지 않았고, 대륙 과학철학계의 거장 마흐가 그의 이론을 회의적으로 보며 개인적으로도 심한 공격을 가한 것으로 알려져 있다. 마흐를 비롯한 동료들과의 갈등 때문에 그는 1900년에 라이프치히로 자리를 옮겼다가 마흐가 은퇴한 1902년에 빈으로 돌아왔다.

그 후로도 계속된 철학적 비판과 심각하고 잦은 병치레를 견디지 못한 나머지 볼츠만은 1906년에 이탈리아의 트리에스테에서 가족 휴가 중 목매달아 자살했다. 볼츠만의 종말은 우리 시대에 누구에게나 당연시되는 원자의 존재 이론이 얼마나 험난한 역사적인 난관을 통과해야만 했는가를 보여주는 비극적인 드라마가 아닐 수 없다.

원자론의 초기 발전에 가장 영향을 많이 준 책이 어쩌면 루크레티우스의 《사물의 본질De Rerum Natura》일 것이다. 7,400행의 방대한 시 형식을 갖춘 이 책은 기원전 1세기에 로마 독자들에게 에피쿠로스 철학을 설명하려는 목적으로 저술됐기 때문에 원자의 성질과 작용에 대한 상세한 가설을 기록하기도 했다. 이 책은 9세기 이후로 거의 읽히지 않다가 15세기에 완전본이 재발견되면서 르네상스 사상가들을 통해 17세기 과학자들에게 큰 영향을 미쳤다고 알려져 있다.

이 책에서 원자를 일컫는 말 중에 '씨'라는 뜻의 'semina'가 자주 사용된다. 마지막 장에서 펠로폰네소스 전쟁 중 일어난 아테네의 페스트 이야기를 상세히 다루다가 갑작스럽게 끝나는데 그 대목에서 질병 또한 씨를 통해서 전염된다는 놀라운 가설이 나온다. 눈에 보이지 않는 세균이 병을 옮긴다는 이론은 19세기 중엽 파스퇴르가 백신 개발을 체계화한 이후에 과학적 정설이 됐지만 초기 버전은 수천 년 전에 이미 나와 있었다는 이야기다.

최근에 코로나19에 대한 대화를 하던 중 지인이 "과학이 발전했다는 현대에도 코로나를 이기는 방법이 마스크 같은 원시적인 도구밖에 없다"며 유감을 표하기에, 마스크의 유용성을 발견하기까지 필요했던 수많은 개념적 비약을 생각하지 않을 수 없었다. 루크레티우스로부터 볼츠만과 파스퇴르에 이르기까지 원자론과 세균론이 상당히 비슷한 경로를 따라서 전파된 것 같기 때문에 두 이야기 사이의 복잡한 관계를 과학 역사의 관점에서 탐구해보면 좋겠다는 생각도 들었다.

2020. 9. 16.

살아 있는
백신 20명의 항해

2020년 12월 8일에 영국의 마거릿 키넌이 세계 최초로 코로나19 백신을 맞는 장면이 보도되면서 팬데믹의 난관을 극복할 수 있으리라는 희망 역시 방방곡곡으로 퍼져나가기 시작했다. 그사이에 보급의 효율성, 또 정치·사회·경제적 실정과 엮인 비판과 긴장이 팽배한 가운데서도 66개국 약 1억 400만 명이 백신을 맞은 것으로 2월 초 〈블룸버그〉에 보도됐다.

현대적 의미의 백신은 보통 18세기 말에 발견됐다고 한다(백신이 아닌 다양한 종류의 예방 접종은 훨씬 전부터 중국, 인도, 튀르키예 등에서 시행됐다). 1796년에 영국 의사 에드워드 제너는 상대적으로 온화한 병인 우두에 걸렸던 노동자들이 천연두에 잘 걸리지 않는다는 사실을 관찰하고 나서 9세 소년을 고의로 우두에 감염시킨 뒤 천연두 바이러스에 노출함으로써 천연두 면역성이 생기는 것을 실험했다.

제너는 이 연구와 실험 결과를 기술한 보고서를 왕립과학회에 제출했으나 거절당했다. 그는 이러한 어려움 속에서도 실험적 근거를 끈기 있게 모으며 백신의 효율성에 대한 책을 자비로 출판하면서 점차 영향력을 키워갔다. 그 후 몇 년 내로 유럽 전역에 제너의 백신 기술이 알려졌다고 한다.

제너의 연구는 미나 선녀에도 큰 파급 효과가 있어서 1806년에 미국 대통령 토머스 제퍼슨이 제너에게 "전 인류를 대변해서 쓴" 감사 편지에는 "후세대는 천연두라는 것이 존재한 사실을 역사책을 통해서만 알 것"이라는 희망찬 예견이 들어 있었다. 제퍼슨은 세계 지도자 중에서 일찍부터 제너의 연구에 대한 강한 신념을 표명하고 자국민에게 예방 접종을 권장했다고 한다. 1958년부터 1977년까지 WHO는 많은 나라의 공동 후원으로 접종 캠페인을 진행해 전 세계적으로 천연두를 완전히 퇴치함으로써 제퍼슨의 예언을 실현했다.

백신의 보급은 제너 시대의 기술과 인프라로 감당하기에 역부족이었다. 지금도 관건이 되는 보존 문제 때문이다. 기본적인 접종 기술은 감염자의 물집을 터뜨려서 고름을 헝겊으로 채취한 뒤 그것을 말려서 다른 장소로 운반한 다음 물에 타서 날카로운 기기로 사람의 살결에 문질러 넣는 것이었다. 난제는 우두 바이러스가 운반 과정에서 잘 살아남지 못한다는 것이었다. 유럽 내에서는 어느 정도 빠른 배송으로 해결할 수 있었지만 백신을 아메리카로 옮기는 항해는 훨씬 더 어려웠다.

1800년대 초 남미에서는 천연두가 사망률 50퍼센트에 육박하는 무서운 병이었기에 백신이 절박하게 필요한 상황이었다. 그래서 카를로스 4세의 스페인 왕실이 후원하고 왕의 주치의 프란시스코 발미스가 지휘한 의료 파견단이 백신을 전달할 목적으로 1803년 11월에 아코루냐 항구에서 출항했다. 그 당시 대서양 횡단은 최소 6주가 걸렸고 재수가 없어서 나쁜 날씨를 만나면 석 달 넘는 항해로 연장되기도 했다.

그들은 살아 있는 백신을 어떻게 운반했을까? 이를 위해서 지금 기준으로 보면 끔찍한 '인체 운송 기술'을 고안했다고 한다. 스페인의 고아 20명을 '우두 바이러스 운반용'으로 항해에 동참시켰다. 그중 두 명을 항구에서 감염시키고 출발한 뒤 그들이 완치되기 전에 고름을 채취해서 다음 두 명을 감염시키며 릴레이식으로 계속 바이러스를 살려서 옮겼다. 도착할 쯤에는 감염자 한두 명이 남아 있게끔 해서 현지 사람들에게 우두를 옮겨주는 전략이었다.

의료단은 몇 년에 걸쳐서 아메리카 곳곳과 스페인의 식민지였던 아시아의 필리핀, 심지어 중국에까지 천연두 백신을 전해주면서 세계 최초의 국제 접종 프로그램을 성공적으로 끝냈다. 그 당시에도 접종 반대파는 많았고 나라에 따라서 지역의 의학계와 정치계의 협조를 구하기가 까다로운 경우도 꽤 있었다고 한다. 어려운 여건 속에서 발미스와 의료 파견단이 이룬 것은 의학의 역사에서 가장 중대한 업적 중 하나로 꼽을 수 있다.

현재 제약회사 화이자의 경우 한 번에 코로나 백신 약 5천 인분이 들어가는 여행 가방 크기의 운송 상자를 사용한다. GPS 추적기가 설치돼 있고 견고한 열 차단 설비를 갖춰서 드라이아이스와 함께 실린 내용물은 약 영하 80도로 10일간 유시가 가능하다고 한다. 상자 하나의 가격이 약 800만 원이니까 그 비용도 만만치 않을 것이다. 물론 비행기, 트럭, 기차 등 모든 운송 수단을 다 동원하며 전 세계 교통망을 대대적으로 활용하고 있다.

  백신 외에도 다양한 물자를 효율적으로 보급하는 문제는 현대 생활과 경제에서 불가피하게 고려해야 할 사항이다. 온갖 정보와 기술적 제약을 고려한 복잡한 조달망의 구조를 분석하는 '네트워크 이론'이라는 응용 수학 분야가 점점 중요해지고 있는 상황이다.

2021. 2. 10.

중세 학자의 이주

나는 수학을 수십 년 공부했으면서도 기초적인 사실을 모를 때가 많다. 어느 학교 선생님이 삼각함수를 이용해서 산의 높이를 측정하는 방법을 나에게 물었다. 얼른 생각나는 방법은 산에서 멀리 떨어져서 평야와 산의 정상이 이루는 각도 A를 측정하는 것이다. 그러면 정상 바로 밑점까지의 거리를 d라고 했을 때 높이는 공식 $h = d \cdot tan(A)$로 알 수 있다. 각도를 측정하기 위해 요새의 측량사는 경위의經緯儀라는 기계를 쓰는데 중세에는 아스트롤라베astrolabe라는 복잡한 장치가 널리 사용됐었다. 그런데 그 선생님이 지적한 난점은 산 때문에 정상 밑점까지의 거리를 측정할 길이 없다는 것이다.

찾아보니 이 문제의 해결이 중세 최고의 학자로 꼽히는 알 비루니(973~1048)의 업적 중 하나다. 아이디어는 각도 A를 측정한 다음 산을 향해서 거리 c만큼 전진한 뒤에 그 자리에서 산 정상의 각도 B를 다시 측정하는 것이다. 삼각형 사이의 관계를 약간만 이용하면 $h = c \cdot tan(A) \cdot tan(B) / (tan(B) - tan(A))$라는 편리한 공식이 나온다. 앞선 공식보다 다소 복잡하지만 적당한 지점 두 곳을 정하고 탄젠트 함수의 값만 계산할 수 있으면 손쉽게 사용할 수 있다.

이 공식 자체는 알 비루니 전에 이미 발견됐던

것 같다. 그런데 그때만 해도 전문가 몇 사람의 영역이었던 삼각함수 이론의 최고 권위자였던 알 비루니는 이런 사고를 확장해서 놀랍게도 지구의 반지름을 정확하게 측정하는 데 성공했다.

산의 높이 h를 알아내고 정상에 서서 수평과 지평선 사이의 각도 x만 하나 더 측정한 다음 지구 중심에 꼭짓점을 둔 큰 삼각형을 이용하면 반지름 공식 $R = h \cdot cos(x)/(1-cos(x))$가 나온다. 이렇게 해서 그는 지구의 반지름이 6,336킬로미터라고 추정했다고 한다. 실측값이 6,371킬로미터니까 그 옛날에 오차 1퍼센트 이내로 측정한 것이다.

알 비루니는 현재 우즈베키스탄에 있는 호라즘 출신으로 이슬람 문명의 황금기였던 8~14세기 중 절정기에 활동했던 셈이다. 호라즘은 페르시아와 이슬람 문명의 지배하에 중세 동안 급격하게 문화와 과학이 발전한 지역으로 9세기경 활동한 '대수학의 아버지'로 불리는 알 콰리즈미의 고향이기도 했다(현대 계산학의 핵심 개념 '알고리즘'은 그의 이름에서 따온 것이다). 알 비루니는 젊은 시절 수학 외에도 천문학·철학·물리학·법학·신학·의학 등을 공부했다고 한다. 그런 배경을 기반으로 하여 그는 세상만사에 관해 100권 이상의 저서를 남겼기 때문에 '측지학의 아버지' '인류학의 원조' '비교 신학의 아버지' 등 다양한 수식어가 그를 따라다닌다.

그러나 알 비루니가 살았던 시기는 18~19세

기 유럽을 방불케 하는 정치적 혼란기이기도 했다. 당시 아프리기드, 사마니드, 가즈나비드 왕국들이 현재의 중앙아시아와 중동을 중심으로 영토를 넓히기 위해 끊임없이 분쟁했다. 알 비루니 역시 고향을 떠나 전쟁을 피하며 문화적 밀도가 높은 도시들인 부하라, 라이, 구르간 등에서 연구를 계속했다고 한다.

긴 여정 끝에 그는 가즈나비드제국에 포로로 끌려갔다가 학문을 장려하던 제왕 마무드의 배려로 왕궁 점성술가로 임명되면서 융합적 연구에 전념할 수 있었다. 백과사전적인 의약서를 집필하거나 제왕의 원정군을 따라서 멀리 인도까지 여행했다. 그는 인도의 철학·수학·천문학·종교·사회상 등을 서술한 방대한 저서를 남기기도 해서 '인도학의 아버지'라는 별칭도 가지고 있다.

가즈나비드제국은 전성기에 지금의 아프가니스탄, 이란, 우즈베키스탄, 카자흐스탄, 키르기스스탄의 많은 지역을 지배하며 세계 문명 발전에 크게 이바지했다. 천문학과 의학이 활발하게 연구되고 중세 대륙의 통용어와 같던 페르시아어 문학의 르네상스를 일으키기도 했다.

알 비루니가 정착한 마무드의 궁은 현재의 아프가니스탄의 도시 가즈니에 있었다. 고대 페르시아의 키루스 2세, 마케도니아의 알렉산더 등의 지배를 받고 7세기에는 불교의 중심지로《서유기》의 현장법사가 방문하기도 했던 이 도시가 근년에는 알카에다의 본거지로 알려지기도 했다. 2021년 8월 12일쯤 탈레반에 의해서 점령됐다는 뉴스가 나오면서 높은 언덕 위에 지어진 가즈니 요새와 마무드의 후예 마수드 3세의 이름이 붙은 웅장한 궁전의 잔재가 사진으로 이곳저곳에 실리기도 했다.

이 역사적인 도시가 이민을 받기보다는 사람을 배출하는 장소가 돼버렸고, 더는 고급 문명의 중심지라는 인상을 주지는 못하는 것 같다.

2021. 8. 25.

근본주의와
실용주의

"입 다물고 계산이나 해!" 물리학자들이 자주 언급하는 인용구다. 그런데 누구의 말인지는 미스터리로 남아 있다. 저명한 미국 물리학자 리처드 파인만이 한 말로 자주 언급되지만, 그가 이런 말을 했다는 구체적인 근거를 찾기는 어렵다. 파인만이 뉴욕 토박이의 직설적인 어투를 격하게 쓰곤 했기에 이런 추측이 나오지 않았나 싶다.

출처를 접어두고 이 꾸짖음의 의미를 들여다보면, 보통 '근본적인 질문'에 대한 비판으로 해석한다. 제대로 된 물리학자가 되려면 '존재란 무엇인가' '원자의 실체는 무엇인가' 같은 질문은 되도록 피하고 실질적이고 정량적인 연구에 집중하라는 조언이다.

과학역사학자 데이비드 카이저는 이 문구의 근원을 제2차 세계대전 때 형성된 매사추세츠공과대학교 방사능 실험실의 과학자들과 연결한다. 레이더 디자인 같은 아주 구체적인 문제를 풀기 위해 모인 그들은 극단적으로 실용적인 관점을 취했고, 이런 성향은 전후에도 연구 자금을 점차 정부 지원에 의존하면서 한동안 미국의 과학 문화에 깊은 영향을 미쳤다고 카이저는 설명한다.

생물학자인 프랑수아 자코브의 에세이 《진화

와 부분적인 수선Evolution and Tinkering》에 이런 시각이 더 체계적으로 표현돼 있다. "현대 과학은 '우주는 어떻게 형성되었는가' '물질은 무엇인가' '생명의 본질은 무엇인가' 같은 보편적인 큰 질문이 구체적이고 제한적인 질문, 즉 '돌은 어떻게 떨어지는가' '관을 따라가는 물은 어떻게 흐르는가' '피는 어떻게 혈관을 따라가는가'로 대체되면서 시작되었다고 볼 수 있다. 이런 교체는 실로 놀라운 결과로 이어졌다. 보편적인 질문은 제한적인 답밖에 허용하지 않았지만, 이상하게도 제한적인 질문은 점점 보편적인 답으로 이어졌다." 근본적인 질문이 근본적인 답을 직접 낳는 일이 드물다는 이야기다.

그런데도 진정한 과학자가 마음속 깊은 곳에 뿌리박힌 근본론을 완전히 탈피하기는 힘들다. 매사추세츠공대의 물리학자 맥스 테그마크는 "주류 논문 10편을 마치면 황당한 논문 한 편을 쓰도록 스스로 허용한다"고 변명한다. '황당한 논문'의 주제는, 그의 홈페이지에서 찾을 수 있듯이 '평행 우주가 있는가' 혹은 '우주는 수학으로 만들어졌는가' 같은 질문들이다. 또한 상당수의 물리학자가 나이 들면서 젊은 동료들의 비난에도 불구하고 철학적 명상으로 가득한 글을 쓰는 일도 드물지 않다(재미있게도, 철학을 늘어놓는 물리학자도 다른 사람들의 철학은 듣기 싫어한다).

1964년 말 출판된 존 스튜어트 벨의 논문 〈근본론On the Einstein Podolsky Rosen Paradox〉은 2022년 세 명

의 노벨 물리학상 수상으로 이어졌다. 논문의 주된 결과는 $1+P(b,c) \geq |P(a,b)-P(a,c)|$라는 간단한 부등식이다. 더 정확히 말하자면, '아인슈타인의 숨은 변수 가설'이 맞다면 이 부등식이 성립한다는 논리적 함축을 벨이 수학적으로 증명했다. 흔히 '벨 부등식'이라고 부른다.

벨은 1990년 비교적 젊은 62세에 타계했다. 벨의 부등식이 현실에서 성립하지 않는다는 실험을 섬세하게 실행한 알랭 아스페, 존 클라우저, 안톤 차일링거 세 사람이 2022년 노벨 물리학상 수상자다. 그러니까 벨이 'P이면 Q' 꼴의 명제를 증명했기에 Q가 아님을 관측한 이들은 따라서 P도 아님, 즉 숨은 변수 가설이 틀렸다는 것을 실험적으로 보여줬다.

이 결과의 양자정보적인 응용이 노벨 재단 웹페이지에도 강조됐지만, 사실 벨 부등식과 실험들의 본래 의미는 양자역학의 해석에 관한 철학적 논란을 판가름한 것이었다. 근본적인 내용에 걸맞게 논문은 여섯 쪽밖에 되지 않았고 이론물리학의 기준으로는 사용된 수학도 비교적 간단하다. 대학교 수준의 미적분학, 확률론, 행렬만 알면 큰 부담 없이 논리를 따라갈 수 있다(수학적으로는 기초적이면서도 다소 추상적인 '텐서 곱'의 개념이 양자역학 계산에서 나타나지만 벨 부등식 자체에서는 사용되지 않는다). 알랭 아스페는 벨의 논문을 '두 번째 양자혁명'이라고 할 만한 획기적인 업적이었다고 평한다.

이 논문과 그로부터 파생된 연구가 '입 다물고

재신하리'는 끈겹을 강화했다고 해석해보면 재미있다. 우선 철학적으로 모호하게 묘사된 아인슈타인의 이론을 벨 부등식이 계산 가능하게 만들었다. 또 벨과 세 실험자의 결과는 근본에 대한 다른 학자들의 걱정을 덜어 줬다.

즉 벨이 근본적인 사고에 충분히 심혈을 기울여준 덕분에 다른 사람들은 입 다물고 계산만 할 수 있는 여건이 (좋든 싫든) 형성됐다. 그런 식으로 근본주의와 실용주의는 어느 정도의 갈등 관계 속에서도 상호보완적으로 과학의 발전에 기여한다.

2022. 10. 19.

요즘 이주민 이야기

한국계 북미 극작가이자 영화감독인 셀린 송이 만들어서 2023년 개봉한 자전적 영화 〈패스트 라이브즈 Past Lives〉가 미국과 유럽에서 주목받으며 상영됐고, 미국 아카데미상 후보에도 올랐다.

이 영화는 흔한 주제인 이민과 자아실현으로 출발해서 사랑과 인연에 대한 작가의 심오하고 간결한 명상을 공유하며 끝을 맺는다. 어찌 보면 진부한 내용이지만 실은 한국 출신 이주민의 관점으로 드물게 성숙하고 섬세한 관찰력과 세계관을 표현한 수작이다. 송 감독은 유년기 이후로 북미에서 자라고 활동해왔지만, 그의 영화는 한국 사회와 문화가 나날이 발전하며 세계 문화에 기여하고 있다는 사실을 분명하게 드러낸다.

영화의 줄거리는 상당히 단순하다. 주인공 나영은 12세 나이에 부모와 함께 캐나다로 이민을 가면서 늘 자신을 감정적으로 북돋워주던 친한 친구 해성과 헤어진다. 12년 후 둘은 인터넷을 통해서 서로를 발견하고 나서 원거리 연애를 시작한다. 일에 쫓기는 삶 때문에 다시 헤어진 후 또 12년이 지나고, 해성은 뉴욕에 자리 잡고 이미 결혼한 나영을 방문한다. 두 사람은 이틀간 도시를 배회하며 과거와 현재에 대한 다정하고 의미 있는 대화를 나눈다. 재회의 마지막 몇 시간은 나영의 자상한 작가 남편 아서도 합류한다. 동이 틀 때쯤 해성은 다음 생애에서 만나자는 말을 남기고 공항으로 떠난다. 이 만남에서 우러나오는 인생과 영겁에 대한 고찰, 주인공들의 깨우침이 영화의 전부다.

영화의 강점은 이런 단순한 이야기 속에 무한히 섬세해서 말로 표현하기 어려운 진지한 내용이 담겨 있다는 사실이다. 관객이 목격하는 부분은 나영과 해성의 삶 약 24년 중 잠시뿐이지만 효율적인 장면 선택과 조용하고 자연스러운 대화가 엮어가는 화성과 대위법이 인물들의 생활상과 성장 과정의 핵심을 절묘하게 포착한다.

한 예로 이민한 어린이의 경험은 나영이 학교 놀이터에서 다소 쓸쓸하게 서 있는 장면 하나로 요약된다. 흔하고 다소 지루할 수 있는 '이방인의 번뇌'를 과감하게 생략하는 결정이 이례적이다. 그럼에도 불구하고 송 감독은 몇 개의 장면과 대화의 뉘앙스를 통해서 나영의 현재를 이해하는 데 필요한 내용을 전부 담아 전하는 특이한 기법을 과시한다. 이런 결정들은 이야기 전체에 일종의 객관적 관점을 부여하는 효과가 있다.

영화의 여러 요소 중에서 개인적으로 흥미로웠던 부분은 이주민을 대하는 관점의 시대적 진화였다. 영화의 도입부에 나영이 교실 안에서 친구들과 대화하는 장면이 있다. 그들은 '왜 이민을 가느냐' 꽤 집요하게 묻는다. 나와 비슷한 세대의 한국인은 그 질문을 잘 이해하지 못할 가능성이 크다. 나의 부모 세대는 일제 강점기를 거치고 6·25전쟁을 겪으며 트라우마에서 벗어나지 못한 환경에서 자랐고, 내 친구들 가운데도 미국이나 캐나다를 선망하는 이들이 흔했기 때문이다. 그러나 1990년대 이후로 비교적 편안한 가정에서 자랐다면 한국을 떠날 이유가 많지 않았을 현실이 아이들의 순진한 대화에 나타난다. 질문에 대한 나영의 "한국인은 노벨 문학상을 못 받기 때문"이라는 대답 역시 20세기 말의 시대상을 잘 묘사한다.

이 영화를 관람한 것은 나 자신이 이주민이라는 사실을 되새길 수 있는 기회였다. 유학을 목적으로 서울에서 미국으로 떠난 것이 약 40년 전이지만 항상 학업의 연속이라고 생각하며 살아왔기 때문인지 스스로 이민했다는 사실을 인식하지 못할 때가 많다. 박사과정을 마치고 직업을 좇아서 미국의 여러 지역, 그리고 영국에서도 대학교 네 곳을 옮겨 다니면서, 학자의 네트워크 속에서 단기적 목표와 동기를 찾았다. 그러던 중 나 역시 영화 속 나영처럼 일상의 은혜를 받아들이면서 비교적 평화롭게 살아나가고 있고, 그 자체가 지금 나의 정체성을 이룬다는 생각이 영화를 보면서 들었다.

〈패스트 라이브즈〉를 관람하며 무엇보다 젊은 이주민 작가의 창조적 지혜가 인상적이었다. 나와 비슷한 나이대 사람들은 회고하는 마음을 자기중심적 낭만과 구별하지 못하는 경향이 있다. 젊은 한국계 예술가가 만들어낸 감성과 객관성의 완벽한 조화를 감상하며 우리나라의 시대적 발전을 새롭게 목격할 수 있었다.

   2024. 3. 6.

지정학이 만든 피부색

'고대 이집트인의 인종 논란'은 유럽 역사학에서 비교적 오래된 담론이다. 18세기와 19세기 근대 유럽의 형성 과정에서 인종 개념이 개발되던 시기에 정치적 시각으로 해석된 고대 역사학이 토착화되면서 이 문제는 상당한 관심의 대상으로 떠올랐다. 대부분의 고대 역사와 마찬가지로 직접적인 근거를 찾기 어려워 많은 추론과 상상이 일어났고, 상황과 시기에 따라 변하는 사회적 어젠다가 사실 입증 문제에 지대한 영향을 미치고 있다.

예를 들면 고대 역사학자 헤로도토스가 이집트인이 '흑색 피부'를 가졌다고 했을 때 그것은 무엇을 의미했을까? 이에 관한 여러 편의 논문이 쓰였고 대형 조각물 스핑크스 얼굴의 형태에서부터 옛 벽화에 나오는 인물상의 해석까지 쟁점은 다양하다.

수천 년 전 언어에서 특정한 형용사가 정확히 무슨 의미로 쓰였는지, 수천 년 전에 그려져 이제는 바랜 벽화 속 인물의 피부가 무슨 색인지 등을 결론 내리는 과정에는 당연히 많은 선입견이 반영될 수밖에 없다. 20세기 말 고전학에서 논란의 대상이었던 《흑인 아테나 Black Athena》의 저자 마틴 버날에 따르면, 이집트 문명에 대한 근대 유럽인의 평판을 따라 고대 이집트인의 인종에 대한 인식도 대체로 바뀌었다. 가령 모차르트의 오페라 〈마술 피리〉 같은 작품에 나타나는 프리메이슨 공동체는 고대 이집트를 숭배하면서 이집트인을 백인으로 봤고, 낭만적 고전주의의 틀 속에서 그리스·로마가 이집트보다 우월했음을 강조하던 미술사학자들의 경우에는 이집트인들을 흑인으로 분류하곤 했다는 것이다.

비교적 최근인 지난 2,500년 동안 이집트 지역이 수많은 정복자를 경험했다는 사실도 당연히 전체적인 분류학을 어렵게 만든다. 기원전 6세기에는 페르시아에 의해 정복됐고 기원전 4세기에는 마케도니아 출신 프톨레마이오스 왕조가 들어섰으며, 기원전 30년에는 로마제국의 일부가 됐다. 그 후로도 역동적인 역사가 이어지는 가운데 7세기에는 아랍 문명에 편입됐고 16세기에서 20세기 초까지는 오토만제국의 식민지였다. 지역의 역사를 피상적으로만 살펴봐도 지금 얼마나 많은 여러 종족의 후예들이 얽혀서 살고 있을지 짐작할 수 있다.

그런가 하면 현재는 이슬람 국가로서의 정체성이 강하기 때문에 '고대 이집트의 흑인 원조설'이 이집트 내에서 상당히 강한 반박에 부닥치기도 한다. 최근 클레오파트라에 관한 새로운 넷플릭스 영화에서 흑인 배우가 주인공 역을 맡는다는 소식이 전해지면서 이집트에서 비판의 목소리가 나오기도 했다.

이런 생각을 최근 재검하게 된 이유는 이집트

의 정체성 문제가 아프리카 대륙 전체의 분류와 밀접한 관계 속에 있고 많은 정치·사회적 논란의 핵심을 표현하기 때문이다. 현대 정치관의 여러 편견 가운데 하나는 지중해 문명이 유럽, 아시아, 아프리카로 깨끗하게 나눠진다는 것이다. 또 아프리카가 이슬람 문화권인 북아프리카와 '진짜 아프리카'인 사하라 이남 지역으로 분명하게 나뉜다는 이야기도 있다.

두 번째 착상은 당연히 인종차별주의적 발상과 함께 갈 수밖에 없다. 2023년 2월에 튀니지아 대통령 카이스 사이에드가 남쪽으로부터의 이민 때문에 자국의 인종이 바뀐다며 한탄했고, 그 이후 튀니지아 안에서 흑인 혐오 정서가 극도로 커지고 있다. 튀니지아는 국민의 10~15퍼센트가 흑인으로 분류되지만 사이에드의 발언은 아랍과 이슬람 정체성의 강한 표현으로 해석돼 흑인에 대한 폭력은 매일 증가하고 리비아와의 경계로 밀려난 난민들이 물과 양식 부족으로 죽어나가는 비극적 사태가 현재 벌어지고 있다.

튀니지아 역시 고대 페니키아에서 현대 프랑스까지 많은 문명의 시공간적 혼합을 계속해서 경험한 나라다. 그러나 현재 이 지역의 정치적 변이는 거의 항상 유럽의 지정학적 입장에 의존한다. 북아프리카를 일종의 '이민 마개'로 사용하려는 전략은 유럽 여러 국가에서 지속적으로 실행되고 유럽 내에서도 지중해 주위로 이민난이 특히 심각하다는 현실과 연결된다.

아득한 옛날 역사를 어느 정도까지 확신을 가지고 파악할 수 있을까? 비전문가인 나로서는 당연히 이에 답할 수 없지만 역사와 전통의 해석이 현재의 평화와 분쟁에 미치는 강한 영향력은 실로 무서울 때가 많다.

2023. 8. 9.

가장 약한 자들을 위한 연극

"궁핍한 시대에 시인이 무슨 쓸모인가?" 독일의 낭만주의 시인 프리드리히 횔덜린이 1801년 시 〈빵과 술〉에서 던진 질문이다.

가자 전쟁이 발발하고 1년 4개월 만에 겨우 '불안한 정전'에 이른 지금, 도널드 트럼프 대통령이 느닷없이 가자 지구를 미국이 장기간 소유하면서 휴양지로 개발하겠다고 했다. 트럼프발 거대한 혼돈이 시작되는 가운데, 수십만 가자 난민이 폐허가 된 집으로 돌아가는 참상과 풀려나는 이스라엘 인질의 가련한 모습은 끝없는 난제들의 난무를 비참하게 보여준다. 가자 전쟁은 주위 국가들로도 번져나가 레바논은 2024년에 미사일과 드론 폭격으로 수천 명의 인명 피해를 보았다.

레바논을 중심으로 요르단·팔레스타인·시리아를 포함한 중동 지역에서 활동하는 자선단체 '시나리오'의 대표 빅토리아 럽턴과 저녁을 먹으며 대화할 기회가 있었다. 시나리오는 사회 약자층, 특히 위기에 처한 여성과 어린이들에게 예술 치유와 교육을 제공하는 기관이다. 그들의 철학은 웹사이트(seenaryo.org)에 쓰인 구호 '놀이와 연극을 통한 평생 교육'으로 요약된다. 2015년에 설립된 시나리오는 공연, 교사 연수, 놀이 중심의 교육자료 제공 등으로 15만 명 이상의 지역 주민들과 접

측해왔다. 참고로 레바논은 거주자 넷 중 한 명이 전쟁 난민으로 분류돼 난민 비율이 세계에서 가장 높은 나라다. 이 단체도 2011년 발발한 시리아 내전의 난민 150만 명을 돕자는 동기로부터 시작됐다.

시나리오의 연극은 참여자들이 스스로 각본을 쓰고 연출하고 연기함으로써 일깨워지는 창의력과 성장하는 자아에 초점을 맞춘다. 극과 놀이가 교육의 모든 면에 다양하게 적용될 수 있다는 믿음을 반영한 것이다. 럽턴 대표의 철학에 따르면 연극은 어느 예술보다도 참여자의 주체성과 존엄성을 효율적으로 표현해준다.

난민촌에서도 시나리오의 이벤트에 대한 수요는 굉장히 높다. 전쟁 중인 2024년 가을에도 럽턴은 남편과 어린 딸을 데리고 베이루트에서 활동을 계속했다. 극심한 재난 속에서도 시나리오는 21개 대피소로부터 연극과 놀이 중심 교육을 제공해달라는 요청을 받았다. 생사를 걱정하는 일상에서도 아이들은 배움과 놀이로 전쟁의 끊임없는 공포를 초월할 시간이 절대적으로 필요하기 때문이다.

럽턴 대표는 당연히 자기 일에 회의를 느낄 때가 많다. '살아남으려고 발버둥치는 마당에 무슨 연극이냐'는 생각이 드는 순간도 있기 때문이다. 하지만 극을 통해 불안에서 벗어나 자신만의 목소리를 찾아가는 어린이의 밝은 모습은 이런 근심을 언제든 덜어준다고 그는 설명한다.

우루과이 기자 갈레아노의 에세이 〈예술의 한계〉에 나오는 이야기다. 중미 엘살바도르의 조용한 마을 친퀘라는 1980년대 내전 당시엔 전투가 끊임없이 이어진 비극의 중심지였다. 특히 격렬한 전투가 있었던 어느 날 저녁, 한 사진작가가 죽음의 향기가 가득한 교회 옆 골목으로 들어간다.

이곳저곳에 시신이 널려 있고 흙과 잔디는 피범벅이다. 기이한 정적에 잠겨 있는 길바닥은 저녁놀에 붉게 물들고 그와 친하던 반란군 전사 쌍둥이 형제 중 하나가 넋을 잃고 수많은 총알구멍으로 장식된 벽에 기대어 앉아 있다. 소총 두 자루는 십자가 모양으로 발 앞에 던져지고 동생의 피투성이 시신이 무릎에 놓여 있다.

끔찍한 상황 속에서도 작가는 이 장면의 미학적 평형에 감탄하지 않을 수 없다. 두 사람의 처절한 모습을 사진으로 포착하기 위해서 카메라를 든다. 예술적으로 완벽한 순간이다. 그러나 어쩐지 오래 망설이며 그의 손가락은 버튼을 누르지 못한다.

피카소의 〈게르니카〉 같은 대작을 포함해서 인간의 비극을 예술로 만드는 행위는 일종의 착취라는 느낌을 피하기 힘들다. 이 까다로운 이슈에 대해 럽턴에게 물으니 그는 '주체성'의 관점에서 답한다. 자신들의 목적은 위기에 처한 사람들이 스스로 목소리와 인간적 존엄성을 되찾게 도와주는 일이라고. 즉 피카소의 그림과 달리 시나리오 사업의 주체는 예술이 아니라 인간이라는 말이다. 이들의 헌신적인 봉사 활동에서 횔덜린의 질문에 대한 상당히 구체적인 답을 찾을 수 있을 것 같았다.

2025. 2. 5.

불확실성을 견디는 법

　뇌 연구소 한 곳을 찾아 뇌의학 연구자와 점심을 먹으면서 죽음의 불확실성을 주제로 이야기를 나눴다. 나는 현재 살아 있고 결국 죽을 것이다. 그러나 언제 죽을지 당연히 알 수 없고 그 무렵이 돼도 죽음의 순간은 정확히 파악할 수 없다는 게 대화의 요점이었다.
　상식적으로 생각해도 우리와 가까운 사람이 죽은 순간이 딱 언제였던가를 알지 못하고 그런 순간이 실제 있기나 한 건지도 불분명하다. 보통 심장, 숨, 눈동자의 반응 등을 이용한 검증 절차가 있지만 설사 그렇게 해서 죽었다는 판정을 언젠가 받더라도 이 질문에 대한 답이 되지는 못한다.
　몇 년 전에 '죽은 뒤' 되살아나는 드문 사례에 대한 영국 공영방송 보도에서 어떤 마취과 의사가 인상 깊은 말을 했다. "죽음은 과정이지 순간이 아니다." 죽음과 삶이 둘 다 어떤 영역이라고 할 수 있지만 둘의 경계는 지극히 불분명하다고 할 수 있다. 또 하나 흥미로운 것은 뇌의학자에 따르면 뇌의 죽음과 전체적인 죽음 사이의 간극에 장기 이식이 가능하기 때문에 그 기간이 법적으로 중요하다는 사실이다.
　대부분의 사람은 세상의 온갖 '불확실성'을 받아들이며 산다. 윤리적인 영역에서 선과 악의 경계가 분명치 않고, 취향에서도 좋아하는 것과 싫어하는 것 사이에 여러 합성이 연속적으로 존재한다는 것을 경험한다. 그러나 세계의 물질적 질서도 불확실할 수 있다는 사실을 과학자들이 특히 싫어한다는 인상을 가끔 받는다. 그래서 어떤 것은 '과학적 사실'이라고 단정하고 싶어 하면서 '비과학적'인 관점을 규탄하기도 한다.

그러나 과학자의 믿음 중에도 '이중 맹검' 실험(편향을 막기 위해 연구자와 연구 대상자에게 특정한 정보를 공개하지 않는 실험) 같은 엄밀성에 근거한 게 실제 몇 퍼센트나 될까 가끔 개인적으로 그들에게 물으면 그에 대한 답이 대체로 분명치 않다. 당연한 예를 들자면 정치적인 믿음이 강한 과학자가 상당히 많지만 그런 믿음이 엄밀한 실험에 근거한다고 주장하기 힘들고, 자연과 생명의 영역에서도 정확한 근거를 토대로 이론을 전개하기는 극히 힘들다.

20세기 초반에 불확실성과 관련된 혼동이 양자역학을 창시한 위대한 과학자들 사이에서도 상당히 많았다는 것을 그들의 글에서 엿볼 수 있다. 한마디로 그들은 물질적 세상이 확실한 상태로 이뤄져 있다는 철학적 전통의 영향을 벗어나지 못하고 있었다.

상식적으로 생각해도 물체의 위치와 속도를 아주 정밀하게 측정하기는 힘들다. 더군다나 고전역학에서도 우리가 아는 물질의 성질은 어차피 통계적인 효과로 나타난다. 죽음과 삶의 '덧셈' 상태인 슈뢰딩거의 고양이와 삶과 죽음의 경계가 같은 종류의 불확정성을 가졌다는 뜻은 물론 아니다. 그러나 세상에 대한 모든 인식의 확률적인 성질을 편하게 받아들이면 양자역학에 대한 두려움도 어느 정도 해소되는데, 그것이 그 당시 과학자들에게는 꽤 어려웠을 것이다.

재미있게도 그 시대엔 수학자들 사이에서도 '확실성'에 대한 집착이 강했다. 독일의 다비트 힐베르트 같은 인물을 중심으로 모든 수학을 '완벽한' 공리 체계 위에 세우려는 조류가 강하게 일었고, 이런 확실성 프로젝트가 오스트리아의 쿠르트 괴델의 연구 결과 때문에 좌절되자 '수학의 위기'로 간주하는 이들도 있었다. 물론 당시에도 위기의식을 느낀 사람은 소수였고, 보통 논리와 검증, 세상과의 상호 과정으로 진행되는 수학의 발전은 계속됐다.

지금은 오히려 어째서 당시 몇몇 유명 수학자들이 그다지도 확실성에 대한 집착이 강했을까 궁금할 때가 많다. 19세기 독일 철학, 그리고 20세기 초 물리학의 조류와 비교해보면 일종의 시대적 분위기가 작용했으리라 짐작할 수 있다.

몇 주 전에 서울 고등과학원이 주최한 '수학과 문학' 학회에 참석한 연사들 사이에 이 주제로 흥미로운 대화가 오갔다. 그 당시에는 20세기 기술 문명이 확산되며 삶 자체의 기반을 불안하게 느끼는 분위기가 유럽에 만연했고, 그 때문에 학자들 사이에서 '수학의 확실성'

을 현실로부터의 안식처로 여기는 경향도 있지 않았을까 하는 짐작이 거론됐다.

이렇듯 때로는 가장 명료한 사고의 영역으로 여겨지는 수학에서도 문화적 배경과 시대적 상황, 개인적인 감정에 의해서 앎의 근본적인 불확실성이 증폭되기도 한다.

2024. 10. 2.

밴드왜건에
탑승한 과학의 가치

　　미국의 수학자이자 공학자인 클로드 섀넌이 1956년에 쓴 짧은 에세이 〈밴드왜건〉이 최근 SNS에서 과학자들 사이에 관심을 끌고 있다. 밴드왜건은 축제 행렬 같은 데서 악단이 연주하며 타고 다니는 차를 의미하지만 과학 연구에서는 인기 주제의 열풍에 편승해 논문을 급히 써내는 학자 무리를 지칭하는 경멸적인 표현으로 쓰인다.

　　섀넌은 보통 현대적 의미의 정보이론 창시자로 여겨진다. 정보는 그 이전부터 여러 관점에서 공부의 대상이 됐지만 1948년 발표된 섀넌의 논문에서 '정보 엔트로피'를 중심으로 개념적 도구들의 수학적 기반이 확실하게 다져졌다. 그 뒤로 '정보'는 자연과학과 테크놀로지는 물론이고 심리학·언어학·철학·경제학·예술에까지 영향을 미치면서 다재다능한 키워드로 발전했다.

　　그런 분위기에서 쓴 이 에세이의 목표는 정보이론 연구에 절제와 철저한 사고가 필요함을 강력하게 권고하는 것이었다. 즉 너도나도 '정보'라는 단어를 남발하며 이곳저곳에서 엔트로피를 찾는 무분별한 탐구 분위기를 정보이론의 대부가 공공연하게 비판하는 글이었다.

그는 "정보이론의 위력은 과장돼 있다. 지금이야말로 가장 높은 수준의 연구와 학문적 개발에 집중해야 할 시기다. 정보이론 학자들은 최선을 다한 노력의 산물만 출판해야 하며 자신과 동료 학자들의 철저한 비판 과정을 감수해야 한다. 다수의 어설픈 발행물보다 몇몇 일류 논문을 선호해야 한다"라고 했다.

최근 이 에세이가 거론되는 배경은 인공지능에 대한 회의와 관계가 깊다. 인공지능은 전 세계의 폭발적인 관심과 각종 기업의 투자 속에 과학·기술·교육·산업 등 거의 모든 영역에서 연구와 발명, 대응 전략 마련이 빠른 속도로 진행되고 있다. 맥락은 다소 다르더라도 섀넌이 1956년에 한 충고는 지금도 유효하다.

과학자들이 출판 전에 논문을 저장하는 웹사이트(arxiv.org)를 검색해보면, 이 글을 쓰고 있는 2024년 7월 16일 하루에만 인공지능 분야 논문이 203편 업로드됐다. 섀넌이 살던 시대에는 상상도 할 수 없을 만큼 큰 밴드왜건에 많은 이들이 앞다퉈 올라타고 있는 상황이다. 우려스럽지 않을 수 없다.

투자 시장의 과열처럼 연구 주제의 과열도 많은 오류와 사회적 손실을 초래할 수 있다. 섀넌이 에세이에서 전하고자 하는 핵심 메시지 중 하나가 수학적 엄밀성이다. 섀넌의 정보 엔트로피는 명료한 수학 언어로 정의되는 개념이다. 그와 관련된 '정보 전달 효율성의 한계'에 관한 수학 정리가 정보이론의 기반을 이룬다. 그는 수학적으로 허술한 연구에 대해 매우 비판적이었다.

사실 많은 과학 논문에서 수학적 오류는 흔하게 발생한다. 그러나 현실에서 과학은 질서 정연하게 발전하지 않으며, 가장 뛰어난 학자라 할지라도 신중한 사고를 일관되게 유지하는 것도 아니다.

20세기 최고의 과학자로 평가되는 아인슈타인과 관련한 여러 전설 중엔 그가 논문을 몇 편밖에 쓰지 않았다는 말이 있다. 그러나 그는 평생 300편 이상의 논문을 출판했다. 특히 특수상대성이론과 양자역학에 관한 혁신적 논문 네 편을 썼던 '기적의 해'인 1905년에 나온 그의 출판물은 25편에 이른다. 물론 대다수는 읽히지 않았다.

섀넌이 에세이에서 '일류 논문'과 '어설픈 발행물'을 단순히 대조한 것은 중대한 오류다. 현실에선 뛰어난 걸작도 하찮아 보이는 작고 무수한 통찰력이 축적된 것이기 때문이다. 그 소품들은 대가 자신의 습작일 수도 있지만, 대개는 커뮤니티 전체의 숨은 노력의 산물이며, 비록 허술한 논리일지라도 그 안에서 놀라운 직관을 얻기도 한다. 가령 최근 몇십 년 동안 (비교적) 엄밀한 수학의 여러 분야들은 직관적인 생각을 창의적으로 밀고 나가는 물리학자들에게서 많은 도움을 받았다. 앞으로 인공지능 역시 다양한 오류에도 불구하고 수학계에 비슷한 영향을 미치리라고 예측할 수 있다.

소설 같은 과학의 역사에서는 몇몇 천재의 깊고 엄밀한 사고가 절대적이지만, 현실 세계의 발전은 무질서와 경쟁 및 아이디어가 들끓는 밴드왜건 안에서 잘 일어난다.

2024. 7. 24.

인공지능을 제어할
인간 지능

2024년 1학기에 케임브리지대학교 킹스칼리지를 방문하면서 2024년 '앨런 튜링 강연'을 참관할 기회가 있었다. 킹스칼리지의 유명한 졸업생 중 하나인 튜링의 발자취는 교수 회의실의 초상화와 2024년 1월에 세워진 조각가 앤서니 곰리의 튜링상 등 교정 여기저기서 찾아볼 수 있다. 그중 하나가 2017년 이후 이곳에서 해마다 한 번씩 개최되는 기념 강연이다.

튜링은 1950년에 발행된 〈계산하는 기계와 지능Computing Machinery and Intelligence〉이라는 논문에서 인공지능의 가능성에 대한 체계적인 이론을 처음으로 기술했다. 그는 기계와 사고와 지능에 대한 예리한 분석과 함께 인공지능 판별 테스트로 '모방 게임'을 제안했다. 그 이후 인공지능에 관한 철학·과학적 담론에서 그의 이름은 늘 빠지지 않았고, 인공지능이 모든 이의 관심을 끌고 있는 현시대에 사회 문제의 맥락에서 튜링의 여러 아이디어가 자주 거론된다. 올해는 정치학자 주드 브라운이 '인공지능과 정치적 책임'이라는 주제로 튜링 강연을 했다.

사실 비교적 최근까지도 인공지능 연구는 다분히 과학적인 관점에서 '지능은 과연 무엇인가'라는 기본 질문과 연관돼 있었다. 그러다가 공학적인 인공지능,

즉 사람의 작업을 놀랍게 모방하는 기계가 시중에 보급되고, 근본 과학보다 기술 발전을 도모하는 투자가 행해지면서 정치·경제적 질문들도 대두되고 있다.

　　세계경제포럼(다보스포럼)이 2023년 발행한 보고서 〈일자리의 미래〉에 의하면 챗GPT 같은 제한적 능력의 인공지능만으로도 단기간에 40퍼센트의 직업이 커다란 영향을 받는다고 한다. 이 밖에도 인공지능으로 인한 거짓 정보의 파급, 정치적 부작용, 에너지 낭비, 특히 인간이 인공지능에 정복될 수 있다는 우려가 심각한 문제로 여겨진다. 어쨌든 지능의 정의 같은 추상적 질문보다는 이미 세상에 내던져진 현실적 문제의 해결이 지금의 관심사다.

　　킹스칼리지의 또 다른 유명 졸업생이자 교수였던 존 메이너드 케인스는 1930년에 쓴 〈우리 후손들의 경제적 가능성〉이란 에세이에서 극단적 낙관주의를 드러냈다. 케인스는 기술 발전 덕에 인류의 경제적 문제들이 2030년쯤이면 해결되리라고 예언했다. 구조조정의 어려움은 당연히 있을 것이고 의식주에 대한 본능적인 걱정들이 심리적인 부작용도 일으킬 것으로 예상했다. 그럼에도 비교적 가까운 미래에 여가와 창조적인 즐거움이 보통의 삶을 이루는 사회가 올 것이라고 생각한 것이다. 여전히 끔찍한 뉴스가 세계 곳곳에서 전해지고, 기후 위기의 공포가 엄습한 현실을 고려하면 상당히 의아한 예측이다.

무엇보다 케인스가 인공지능의 발전에 대해 어떻게 생각했을지도 궁금하다. 튜링보다 약 30년 선배였던 케인스는 튜링이 킹스칼리지로 부임한 1935년 당시 그를 만나본 뒤 총명함을 극찬했다. 그러나 그다음 해에 케인스의 명작 《고용, 화폐, 이자에 관한 일반 이론 The General Theory of Employment, Interest and Money》이 출판되고 나서 그가 죽을 때까지 두 사람은 정치에 휘말린 생활을 했던 탓에 서로 학문적 의견을 나눌 수 있었을지는 의문이다.

브라운 교수의 강연은 '인공지능 규제를 위한 적절한 정부 기관 설립'이 주제였다. 그러나 그의 주장은 안타깝게도 전반적인 우려와 '성찰의 중요성'에 대한 막연한 이야기에 그치고 말았다. 지금도 'regulating AI'를 키워드로 구글 검색을 해보면, 학문적·정치적·사회적·교육적 관점에서 쓴 이와 관련한 글들을 전 세계에서 찾아볼 수 있다. '규제해야 한다'는 훈계보다 '어떤 규제를 어떻게 실행해야 인간 복지에 전반적인 도움을 줄 수 있는가'가 요점인 오늘날에 이런 모호한 한탄은 여러 면에서 실망스럽다.

브라운 교수의 강의 중 한 가지 동의한 부분은 인공지능 규제에서 민주적 참여의 중요성이었다. 물론 이것은 인공지능에만 국한된 문제가 아니다. 의료·경제·산업·교육과 관련된 대부분의 결정에 상당 수준의 기술적 지식이 필요한 현대 사회에서 민주성의 원칙은 더는 미룰 수 없는 과제임이 분명하다. 강연을 듣는 중에도 일반인의 수학 교육 문제를 생각하지 않을 수 없었던 이유다. 또 이것은 수학자와 정치학자가 만나는 지점이라는 강한 인상도 받았다.

  2024. 5. 15.

유럽의 국경에 핀
하얀 장미

      2022년 4월 프랑스 대통령 선거 기간 즈음 파리 남부의 고등과학원을 방문하고 있었다. 당연히 점심시간마다 나누는 대화는 정치적인 잡담이었고, 모든 후보가 마음에 안 든다는 분위기가 팽배했다. 특히 2차 선거에서 에마뉘엘 마크롱과 마린 르펜을 놓고 던진 표는 페스트와 콜레라 사이에 뭘 고르냐는 것과 같다는 말까지 나왔다. 결국 마크롱이 58.5퍼센트를 득표해 재선에 성공했지만 2017년 득표율 66.1퍼센트에 비하면 크게 떨어지는 수치로 극우파로 분류되는 르펜의 부상이 놀라웠다. 유럽 내 정치적 담론의 구심점인 이민 문제가 르펜 세력의 점진적 증가에 기여했다는 평가가 많았다.

      선거가 끝난 뒤엔 독일 뮌헨의 아르놀트 조머펠트 이론물리연구소를 방문했다. 연구소가 있는 루트비히-막시밀리안대학교는 15세기에 세워졌지만 19세기에 뮌헨으로 옮긴 뒤 지어진 건물들은 그 당시 바이에른의 왕이었던 루트비히 1세의 취향을 대변하는 신고전주의와 로마네스크 건축이 주류를 이룬다. 독일 국민주의의 낭만적 기반이 됐다고 할 만한 문화유산들이다.

      고대 그리스·로마 문명을 독일이 이어받았다는 신화적인 이데올로기가 도시 중심 전경에 스며들어 있었고, 특히 왕의 총애를 받던 건축가 레오 클렌체가

지은 조각 박물관은 바이에른 남부의 디즈니랜드식 창조물 노이슈반슈타인성 수준의 판타지를 실현한다.

클렌체는 루트비히의 아들 오토가 그리스의 왕으로 즉위하자 아테네에서 오토만제국의 건축물들을 철거하며 도시를 유럽 낭만주의의 상상 속 고전 양식으로 재구축하는 작업에 앞장서기도 했다. 뮌헨이 히틀러의 사랑을 받은 도시였다는 것이 쉽게 이해된다. 물론 20세기에 들어서 독일 역사는 더 극단적으로 왜곡됐지만, 그런 성향의 초기 버전을 19세기 뮌헨 건축의 발자취에서 찾기는 어렵지 않다.

반면 뮌헨대학교 본관 건물에는 나치 세력에 저항한 젊은이들을 기리는 기념관도 있다. '하얀 장미'로 알려진 저항운동은 1942년 조피와 한스 숄 남매를 필두로 학생 다섯 명과 교수 한 명이 나치 독재를 비판하는 전단을 여섯 편 발행해 학생들이 정부에 대항하도록 선동했다. 그 여섯 명은 모두 체포됐고 1943년 숄 남매와 크리스토프 프롭스트가 단두대에서 처형당했다.

기념관은 이런 역사를 일목요연하게 보여준다. 그들의 이념과 철학적 배경을 설명하는 책자와 동영상 여러 개가 전시돼 있고, 하얀 장미 발행물들을 그 자리에서 읽어볼 수 있다. 기념관 밖 중앙홀에는 주동자들의 모습이 새겨진 동판이 대리석 벽에 걸려 있고, 그 앞에는 가느다란 꽃병 안에 흰 장미 한 송이가 꽂혀 있다. 물론 홀 자체는 낭만적 신고전주의를 극적으로 표현하는 영웅적인 양식이다.

프랑스에서는 2015년 1월 '샤를리 에브도 사건'을 계기로 반이민 정서가 강해졌다. 성역 없는 풍자로 유명한 주간지 〈샤를리 에브도〉가 무함마드를 모욕하는 만화를 실었다는 이유로 사무실에 흉한들이 들어와 직원 12명을 살해한 사건이다. 이 비극은 프랑스 전역에 이슬람 근본주의의 위협에 경각심을 가지도록 했다. 이 사건 이후 진보 진영에서조차 이민자에게 경계심을 표현하는 일이 흔해졌고 '프랑스의 가치관'을 지켜야 한다는 의식이 전국적으로 높아졌다.

그런데 같은 해 여름, 앙겔라 메르켈이 이끌던 독일 정부는 1년 남짓한 기간에 난민 100만 명가량을 받아들이는 획기적인 계획을 세웠다. 당시에 나와 친한 진보적인 독일 교수들조차 이 계획에 회의적인 태도를 보이곤 했다. 그러나 우리나라와 비슷한 인구 감소 전망에 걱정이 컸던 독일 정부는 과감하게 '개방' 정책을 관철했다.

7년이 지난 지금 몇 번의 난관을 거쳤지만 독일 이민 정책은 상당히 성공적이었다는 평가를 받는다. 무난하게 독일 사회에 적응해가는 이주민들의 이야기가 자주 미디어에 보도되고 있으며, 메르켈은 은퇴 직전인 2021년 말에 세계 어느 지도자보다도 높은 82퍼센트라는 지지율을 기록했다.

일본의 개화기 지식인인 후쿠자와 유키치는

1862년에 프랑스를 여행하다 외국인이 프랑스 땅을 살 수 있다는 사실에 소스라치게 놀랐다. 적국의 시민이 나라를 사버리면 어떡하나 궁금했던 것이다. 사실 그 당시 유럽, 특히 프랑스, 영국, 이탈리아 그리고 독일권의 여러 자치국은 수없이 많은 전쟁 끝에 관계가 극도로 나빠진 상태였다. 그런 정치적 여건 속에서도 서로의 땅을 사고팔 수 있었고 문화적 교류 역시 빈번했다. 지금의 유럽과 동아시아가 함께 되새겨볼 만한 근대사다.

뮌헨대학교에서 만난 이론물리연구소의 한 연구원은 자기 주위 젊은이들의 생각이라며 이런 말을 해줬다. 어떠한 정치적 긴장 속에서도 국경이라는 개념의 궁극적인 정당성을 믿지 않는다고. 독일 국가주의의 상징이 가득한 도시 한가운데서 하얀 장미의 혼이 살아 있음을 느꼈다.

2022. 5. 4.

종교와 과학은 대치관계?

2022년 5월 말에 옥스퍼드대학교 머튼칼리지에서 열린 과학과 종교에 관한 토론회 사회를 맡았다. 정확한 주제는 '물리학자는 무신론자여야만 하는가?'였고, 토론자는 무신론자인 사이먼 손더스와 독실한 기독교 신자인 아르트 루이 두 사람이었다. 철학자 사이먼 손더스의 전문 연구 주제는 양자역학의 철학적 해석이고, 물리학자 아르트 루이는 생물·화학·계산과학과 인접한 물리 현상을 다양하게 연구하고 있다.

루이는 과학과 종교의 차이를 간단한 예로 보여줬다. 주전자에 물을 끓이는데 누군가 '왜 물이 끓는가?'를 물어본다고 하자. 이때 화롯불의 에너지를 언급한 다음 그 에너지가 주전자 바닥을 통해 물에 전달되고 어느 순간 상전이가 일어나서 물이 수증기로 변한다고 설명할 수 있다. 그러나 또 한편으로는 '차를 마시고 싶어서 내가 물을 올려놓았다'고 할 수도 있다. 전자는 현상의 물질적인 설명이고, 후자는 의미와 동기에 관한 설명이다.

과학에서는 물질의 움직임에 관해 상당히 정밀한 이론적 묘사가 가능하지만, 세상사의 의미나 가치에 관한 설명을 해줄 수 없다고 루이는 강조했다. 그는 다양한 모습의 사람들 사진이 조합돼 있는 영상을 보여주며 개별 인간의 존엄성을 구현하는 것이 과학적인 기술로는 불가능하다고 주장했다.

반면 손더스는 세상만사, 예를 들어 가치·의미·사랑까지 완전히 물질적으로 설명하는 게 가능하다고 믿는다. 가령 그는 과학을 근간에 둔 분석철학이 이미 인간 가치관을 상당 수준 해석할 수 있다고 주장한다. 따져보면, 루이의 물 끓이는 예에서도 끓이는 사람의 동기를 물질적인 관점에서 설명하는 게 가능하다. 생체 작용이 원활하게 진행되는 데 물이 필요하고 때로는 화학 물질의 효과를 활용하기 위해 차를 물에 섞어 넣기도 한다. 그런 물질이 액체에 잘 풀리게 하려고 끓이는 것이다.

물론 루이의 주장은 '궁극적인 이유'가 과학적으로 설명되지 않는다는 뜻이다. 가령 누군가 '왜 살고 싶냐'고 물어보았을 때 '후손을 낳기 위해서' 같은 진화론적인 답이 가능하지만, '왜 후손을 남기고 싶으냐'는 식으로 계속 캐물으면 점점 답하기가 어려워지고 결국은 '그냥 그렇다'는 결론밖에 남지 않는다는 것이다.

물질론자들은 과학 이론이 발달함에 따라서 끝까지 설명하는 것이 가능해질 것이라고 보지만, 현시점에서는 그런 이론에 대한 믿음 또한 일종의 종교라고 볼 수 있다. 루이는 궁극적인 이유의 근간이 종교의 몫이라고 생각한다.

실험적인 근거를 보면 과학자는 당연히 교인일

수 있다. 미국 사회학회 저널 〈소시어스Socius〉 2016년 9월호에 과학자와 종교에 관한 국제 설문조사 결과가 발표됐다. 여러 국적의 과학자 약 1만 명을 대상으로 심층 인터뷰를 실시해 그들의 종교관과 세계관을 알아보는 조사였다. 과학자 가운데 자신이 '조금이라도 종교적'이라고 대답한 사람이 상당수였다. 미국은 전체 응답자의 30퍼센트, 영국에서는 27퍼센트, 이탈리아에서는 52퍼센트가 자신을 종교적이라고 표현했다.

또 하나 흥미로운 결과는 '과학과 종교가 대치관계인가?'라는 질문에 대한 답변이었다. 지역을 막론하고 그렇다는 응답은 소수였다. 가령 미국에서는 29퍼센트, 이탈리아에서는 21퍼센트만이 그렇다고 답했고, 과학자 중 종교인 비율이 16퍼센트로 가장 적은 프랑스에서도 응답자 중 27퍼센트만이 종교와 과학을 대치관계로 본다고 답했다.

지난주 행사에서 양쪽의 웅변이 끝난 뒤 나는 다음과 같은 질문을 했다. "이런 종류의 토론은 보통 답답하게 끝나버린다. 어떻게 하면 그런 결과를 피할 수 있는가?" 청중은 이것을 상당히 통쾌한 지적이라고 생각하는 분위기였다. 그런데 토론이 끝나고 질의응답 시간이 시작되기 무섭게 질문이 쇄도해 토론회는 밤새 계속될 것만 같았다. 이는 근본적인 사고와 담화에 관한 인간의 원초적인 욕구 때문 아니었을까. 어찌 보면 시간 낭비처럼 보일 수도 있는 행사에서 배경이 다양한 청중이 강의실을 가득 채우며 끝없이 질문하다니 놀랍지 않을 수 없었다.

대부분의 사람이 신앙심을 미국 철학자 윌리엄 제임스가 설명한 '실용주의' 견해에서 접근한다는 것 또한 분명했다. 즉, 종교적인 사람은 종교가 세상에 이로운 것이라고 생각했고 무신론자는 종교가 해롭다고 생각하는 경향이 강했다. 신앙과 과학, 전통과 진보, 상징과 실용, 여러 견해 가운데 맞는 것을 결정해나가는 방법이 있을까? 근본적인 옳고 그름을 어느 정도 포기하고 서로의 좋은 의도에 집중해야 한다는 생각을 강화해주는 시간이었다.

2022. 6. 1.

정보 홍수 시대의
소통

 2024년 11월에 있을 미국 대통령 선거를 내다보며 많은 사람이 가짜 뉴스의 위험을 다시금 거론하고 있다. 그럴 수밖에 없는 것이 가짜 뉴스가 세계적으로 화제가 되기 시작한 것이 2016년 미국 대선 때쯤이었다. 그 당시 선거에 영향을 줄 만한 뉴스의 확산을 도모하는 웹사이트들이 대거 생기면서, 클린턴과 트럼프 후보에 관한 해괴한 소식이 나날이 증가했고 실제 선거 결과에 상당한 영향을 미쳤다는 의심이 특히 트럼프 반대파 사이에 퍼졌다. 이런 분위기 탓에 페이스북 같은 소셜미디어에서 가짜 뉴스 대응책을 체계적으로 강구하기도 했다.

 2020년 대선에서는 선거 부정의 풍문이 트럼프 지지자들 사이에 돌면서 트럼프가 선거를 '도둑맞았다'는 신념으로 무장한 이들이 미국 국회의사당으로 쳐들어가는 기이한 사건도 있었다. 2024년에도 이런 위험에 대비가 제대로 되어 있는지를 많은 언론인이 묻고 있다.

 조금 거리를 두고 보면, 가짜 뉴스가 상당히 오래된 현상이라고 지적하는 역사학자들도 많다. 가령 유럽에서 계몽주의 시대였던 1755년 포르투갈 리스본에서 약 1만 2천 명이 죽는 대규모 지진이 일어났을 때,

하늘의 벌, 성모 마리아의 발현 등 종교적인 가짜 뉴스들이 널리 퍼졌다. 미국 서던캘리포니아대학교 제이콥 솔 교수는 이 사건이 사상가 볼테르가 유명한 반종교적인 풍자 소설 《캉디드》를 쓴 동기 중 하나였다고 말한다.

몇 년 전 뉴욕대학교 조슈아 터커와 공저자들이 〈사이언스 어드밴시스Science Advances〉 학술지에 게재한 논문에 따르면, 가짜 뉴스의 확산은 사회적인 염려에 비해서 흔하지 않다고 한다. 이 논문은 문제가 됐던 2016년 미국 선거운동 기간 페이스북에 나타난 가짜 뉴스 공유 현황을 통계 조사했는데, 가짜 뉴스를 하나라도 공유한 사람은 표본의 약 8퍼센트, 세 건 이상 공유한 사람은 2퍼센트 미만인 것으로 나타났다. 가짜 뉴스에 가장 민감한 세대가 노년층이라는 사실도 확연하게 드러났다. 조사에서 65세 이상 노년 사용자들이 가짜 뉴스를 공유할 확률은 18~29세 젊은이보다 서너 배 컸다.

그런 현상을 설명하는 한 가지 가설은 젊은 세대일수록 인터넷 사용에 익숙해 어떤 뉴스든 여러 사이트와 관점을 비교 검증하는 기술이 뛰어나다는 것이다. 즉 가짜 뉴스 확산에 노년층의 '디지털 리터러시' 부족이 한몫하고 이에 대한 대응책이 필요하다는 이야기다.

유럽에서 인쇄 기술의 발전은 15세기 이후 허위 정보의 확산을 급격히 촉진하기도 했지만, 이를 극복하기 위한 교육의 보편화도 촉발했다. 또 인쇄 매체를 이용한 풍문의 남발이 객관적인 미디어에 대한 사회적 수요를 증가시키면서 19세기 말부터 현대적인 형태의 근거 기반 신문들이 생겨나기 시작했다고 솔 교수는 지적한다. 그때처럼 현재의 기술 문명도 허위 사실 배포의 도구가 되지만 다른 한편으로 그와 싸울 수 있는 정밀한 도구들도 대거 제공하고, 진실한 정보에 대한 의식을 전체적으로 높여준다는 것이 이런 연구가 제시하는 중요한 가능성이다.

　　　　기술 문명의 긍정적인 파급 효과는 교육과 학문에서 특히 뚜렷하게 나타난다. 학문적 자원의 공유가 쉬워진 것도 중요한 발전이지만 일상적인 담론의 수준도 점점 높아지는 것 같다. 가령 나 자신이 수학의 역사를 공부하면서 발견하는 점은 20세기 이전 학자들의 연구가 대체로 객관적인 근거와 연결이 잘 안 된다는 사실이다. 그런데 지금은 아무리 유명한 학자라도 사실에 근거하지 않은 발언을 하면 곧 탄로가 나기 때문에 만사에 더 조심스러워지는 것 같다. 즉, '학문적인 가짜 뉴스'를 제어하기 쉬워졌다는 이야기다.

　　　　물론 가짜 뉴스가 정확히 무엇인지는 규명하기 어렵다. 언어는 세상의 현상을 명확하게 표현하지 못할뿐더러 정치적 대치관계에 있는 두 그룹이 서로에 대한 뉴스의 참과 거짓에 대해 동의하기 힘들다는 사실은 현재 가자 전쟁을 둘러싼 여러 논란에서도 확인할 수 있다. 결국 가짜 뉴스에 대한 경계 가운데서도 사회 구성원들의 관점 차이에 대한 끊임없는 배려와 소통의 중요성은 간과할 수 없다.

 2024. 1. 31.

수학,
이어 쓰는 이야기

　　게임이론의 대가인 경제학자 아리엘 루빈스타인은 '경제학은 이야기'라고 자주 주장한다. 몇 년 전에 그를 만난 이후 여러 번의 대화와 서신을 통해서 이 말의 뜻을 파악하려고 애썼다. 이 주장의 일면은 경제학이 '하나의 이야기일 뿐'이라는 겸손이다. 경제학이 현실을 정량적으로 설명하거나 예측하는 일이 정말 어렵다는 사실을 누구나 안다. 그렇기 때문에 학술 논문을 일종의 소설로 간주하자는 주장에는 경제학자가 자기 업의 약점을 솔직하게 인정해야 한다는 입장을 담고 있다.

　　그러나 루빈스타인이 문학을 무척 사랑한다는 사실에서 그의 주장의 양면성이 드러난다. 그는 자신이 안톤 체호프의 소설 같은 문학을 창출할 능력이 있었다면 경제학을 하지 않았을 것이라고 설명한다. 즉 문학의 높은 가치를 아는 사람에게서 '소설일 뿐'이라는 비하적 표현이 단순하게 나올 수 없다. 경제학의 가장 좋은 이론은 정량적인 정확도가 떨어지는 가운데서도 현실에 대해서 뛰어난 문학 작품 같은 통찰력을 제공한다고 그는 믿는 것 같다.

　　인간의 거의 모든 학문·창작 활동은 세상을 이해하려는 목표를 가지고 있다. 과학자는 경험에 근거하여 이론을 제시하고 실험을 통해서 검증 혹은 반증하려고 노력한다는 것이 보통의 관념이다. 이런 과정을 거치며 비교적 정확한 지식과 역량이 쌓여왔고 지금은 과학적 방법론이 사회의 기둥을 이룬다.

뛰어난 소설이 세상에 대해서 가르쳐주는 바는 무엇인가? 뉴턴 역학 같은 정량적 정확성은 당연히 없다. 그러나 위대한 소설이 우리의 지혜를 한없이 깊고 넓게 만들어준다는 사실은 누구도 부인할 수 없다. 절묘한 문장력이 표현하는 극적인 장면의 분위기는 현실에 대한 통찰을 학술 논문보다 훨씬 강하게 전하기도 하고 독자가 다른 사람들 마음속으로 들어가볼 기회를 주기도 한다. 문학적 이해는 과학 이론 못지않게 인류의 지적 발전에 필수 불가결하다.

수학에 루빈스타인의 관점을 적용할 수 있는가? 많은 수학자는 수학을 '진리'의 영역으로 보면서 공상의 세계와 엄밀하게 구분하고 싶어 한다. 그러나 수학이 일종의 해로운 픽션이 될 수 있다는 비판은 이미 여기저기서 거론된다.

가령 2008년 경제 위기를 분석하면서 경제학자 폴 크루그먼은 "경제학자들이 집단적으로 멋있는 수학으로 치장된 아름다움을 진리로 착각한 것"을 원인으로 지목했다. 또, 대중 물리학자 자비네 호젠펠더는 초끈이론에 대한 회의를 표명하면서 물리학에서의 아름다운 수학이 차지하는 역할을 같은 맥락에서 비판했다. 그들의 의견에 동의하지 않더라도 어느 정도의 타당성은 인정할 수 있다. 수학으로 기술된 세상의 정량적 이론은 대단한 위력을 발휘하지만 전문가들까지 크게 오도할 수 있는 것이 사실이다.

'수학은 정말로 일종의 문학인가, 그리고 그런 면은 이로운가 해로운가'라는 어려운 질문을 제외하고 수학자 글의 문학적 특성을 생각해본 결과 다음과 같은 짧은 목록으로 만들 수 있었다.

첫째, 수학은 확장된 언어를 사용한다. 일반인에게는 외국어같이 보이는 전문 용어와 개념이 수학적 글의 주류를 이룬다.

둘째, 수학 작품을 읽어내는 데는 유별난 집중력이 필요하다. 통상적인 문학 작품도 당연히 난이도가 다양하지만 수학처럼 글 한 줄을 이해하는 데 몇 시간이나 며칠이 걸리는 일이 흔하지는 않다.

셋째, 수학이 세상에 대해 전해주는 지식은 특이한 정확성을 내포한다. 예를 들어 행성의 궤적이 타원이라는 것을 알면 몇 번의 관측만으로도 전체 궤적의 모양을 세밀하게 파악하는 게 가능하다.

넷째, 수학 작품은 창작 과정에서나 소비 과정 둘 다에서 집단지성을 부단히 활용한다. 수학 작품은 이미 쓰인 작품들을 수없이 인용하기도 하고 남의 글을 읽을 때도 다른 독자들과 계속 이해한 바를 공유한다.

다섯째, 뛰어난 수학 이야기는 끝이 없다. 대부분의 문학은 전통의 흐름 속에서 쓰이지만 수학 저자들은 거의 항상 공공연하게 여러 사람이 오랫동안 써온 이야기의 새로운 장을 펼치려는 의도로 일한다.

　　많은 이가 이런 특성을 어느 정도 의식하고 있으면 수학 작품을 읽는 데 다소 도움이 되지 않을까 나름 기대해본다.

2025. 6. 11.

냉정과 열정 사이: 인공지능 시대, 공부하는 마음

마음으로 이해하는 수학

독일 작가 토마스 만의 《뒤바뀐 몸과 머리Die vertauschten Köpfe》는 인도의 힌두교 우화 형식을 따른 중편 소설이다. 주인공은 머리가 좋지만 몸이 약한 슈리다만과 그의 친구, 몸은 튼튼하지만 머리는 우둔한 난다 두 사람이다. 그들은 한 여인 시타를 동시에 사랑한다. 시타는 고민 끝에 점잖은 슈리다만을 남편으로 택한다.

사랑과 질투의 고통에 시달린 두 남자는 둘 다 스스로 목을 베어 자살한다. 그때 슬픔에 잠긴 시타 앞에 여신 칼리가 나타나 두 남자의 머리를 다시 몸에 붙여주지만 시타의 실수로 머리가 바뀌어버린다. 그래서 한 사람은 슈리다만의 머리와 난다의 몸을 가진 완벽한 남자가 된다. 시타는 양쪽의 장점만 갖춘 남편을 찾은 기쁨을 잠시 누리지만, 결국 머리와 몸이 서로에게 영향을 미치며 머리는 다소 우둔해지고 몸은 약해지면서 이야기는 또 복잡해진다.

수학적 이해는 어디서 나오는가? 최근 음악가와 나눈 대화에서 이 문제를 다뤘다. 경험을 근거로 판단하자면 수학적 이해의 순간은 뇌의 작용만으로는 설명하기 어렵다. 그분도 음악의 물질적 본성에 관심이 많기 때문에 이 주제를 두고 한동안 비교 논의할 수 있었다.

음악의 신체적인 경험은 다양하게 일어난다. 이때 음악의 기본적인 원동력인 화음과 비화음 사이의 긴장감은 늘 중요한 역할을 한다. 적어도 18~19세기의 음악은 짜임새 있는 비화음의 순열이 화음으로 해소되는 과정을 통해서 작품의 기본 골격이 갖춰지는데, 그런 상호작용의 효과는 다분히 몸으로 느끼는 것이다.

다소 엉뚱하더라도 수학을 공부하면서 이해하지 못하는 경험을 불협화음과 비교하는 것이 큰 무리는 아닌 것 같다. 단지 긴장과 그 해소의 과정이 음악을 들을 때보다 훨씬 과격할 때가 많아서 고통과 희열로 표현하는 것이 더 타당할 수도 있다. 어려운 논리 때문에 고통스러운 것은 어린 학생에게나 수학자에게나 마찬가지다. 특히 어려운 연구 논문을 읽는 것은 매우 고통스러운 일이기 때문에 대부분의 수학자들은 대화를 활용해서 배움의 오르막길을 완만하게 만드려는 노력을 한다. 그러한 노력에서 파생된 활동이 학회나 연구 세미나 등이다.

어쨌든 어려운 수학의 논리 때문에 고통이 몸에 전해지는 것은 많은 수학자의 공통된 경험이다. 이해하지 못할 때의 불편함은 몸의 평형이 깨진 것 같은 느낌을 수반하고 이해란 일종의 평정을 (때로는 극적으로) 되찾는 과정이기도 하다.

2021년 부커상 최종 후보에 올랐던 벵하민 라바투트의 다큐 소설《우리가 세상을 이해하길 멈출 때

When We Cease to Understand the World》를 읽으면서 위와 같은 생각들이 떠올랐다. 과학과 기술에 대한 평범한 회의론이 책의 주제다. 그래서 불편할 정도로 혁신적인 이론을 제시한 물리학자와 화학자가 다수 출현한다. 아우슈비츠에서 사용된 독가스 혹은 화학무기나 원자폭탄 같은 잘 알려진 괴물들이 자주 언급되지만 더 추상적이고 기이한 에피소드들도 여기저기 나온다. 가령 블랙홀의 가능성을 처음 수학적으로 제시한 슈바르츠실트의 노이로제, 하이젠베르크와 슈뢰딩거 사이의 개인적이고 이론적인 갈등이 꽤 많은 분량을 차지한다.

그런데 이 책은 모든 문제의 핵심을 수학에서 찾는다는 점이 특이하다. 특히 기이한 수학자 두 사람을 다룸으로써 수학의 중심적인 역할을 부각시킨다. 한 사람은 1960년대에 기하학의 기반을 완전히 추상적으로 바꿔놓은 프랑스의 수학자 알렉산더 그로텐디크이고, 또 한 사람은 수학 난제인 'ABC 추측' 증명 논란에 휩싸인 일본의 수학자 모치즈키 신이치다.

수학의 중요성은 '밤의 정원사'라는 제목의 마지막 장에서 설명된다. 수학자 출신의 정원사는 "핵무기, 컴퓨터, 생화학 전쟁, 기후 변화 등은 이차적인 현상이고 실제로 세상을 돌이킬 수 없게 바꾸는 것은 수학"이라고 말한다. 그래서 "기껏해야 몇십 년 후면 인간성이 상실될 것"이라고 걱정한 나머지 그는 모든 것을 버리고 은둔 생활을 하며 아무에게도 해가 되지 않게끔 나

무들까지 잠자는 밤에 조용하게 정원을 가꾸며 산다고 말한다.

우리말로 '마음'이라고 부르는 개념은 아리스토텔레스의 《동물 부분론 De Partibus Animalium》을 연상시킨다. 그는 지성의 원천이 심장에 있다고 생각한 반면, 뇌는 몸의 온도를 조절하는 일종의 라디에이터처럼 묘사했다. 여기서 '마음'은 지성과 감성의 경계를 모호하게 상정하는 관점을 표현한다.

아리스토텔레스나 토마스 만과 달리, 라바투트는 지성을 신체나 자연과 동떨어진 객체로 생각하는 경향이 짙다. 라바투트처럼 수학을 '비인간적인 이성'의 영역으로 여기는 사람들은 사실 과학자들 사이에서도 적지 않다. 나는 그들에게 말하고 싶다. 수학은 뇌가 아니라 마음으로 이해하는 것이라고. 그리고 '이해'란 우리의 마음과 나머지 세상 사이의 평형을 찾는 과정이라고.

2021. 11. 17.

모든 지능에 대한 경외감

2020년 11월에 서울에서 개최된 글로벌 인재 포럼 연사 중 하나였던 미국 버클리대학교의 마이클 조던 교수는 인공지능 연구를 '데이터과학'이라고 지칭할 것을 권장했다. '인공지능'이라는 말 자체가 공상과학 같은 오해를 불러일으키고 연구자로 하여금 현재 풀 수 있는 구체적인 문제에 집중하기 어렵게 한다는 의미다. 상당히 설득력 있는 이 주장은 과학자와 공학자의 재미있는 관점 차이를 나타내기도 했다.

내가 인공지능에 처음 관심을 갖게 된 것은 1979년에 발행된 인지과학자 더글러스 호프스태터의 유명한 책 《괴델, 에셔, 바흐》 덕분이었다. 수학자, 화가, 작곡가가 제목에서부터 등장하는 이 책은 문화 융합의 중요성이 주 소재인 것으로 오해받기도 하지만 저자가 목표하는 바는 '인공지능이 가능한가'라는 질문에 대한 근본적인 담론이다. 지금 시각으로 봤을 때 이 책의 관점들이 맞는다고 생각하지는 않지만 청년 시절에는 잘 이해 못하면서도 인상 깊게 읽었다.

그런데 출간 20주년 기념 발행본에 나오는 저자의 서문을 읽으면 인기 분야가 돼버린 당대의 인공지능 연구에 대한 불평으로 가득한 것이 눈에 띈다. 일찍이 인공지능 연구의 중요성을 주장하던 학자가 어째서 그렇게 부정적이 됐을까? 그는 기계를 만드는 작업은 부수적이라고 생각했기 때문이다.

호프스태터는 '의식을 가진 인공지능이 가능한지'를 알고 싶었기 때문에 지능적 행동과 결정을 실용적으로 재현하는 기계에는 관심이 적었다. 그런 종류의 기계를 만든다면 그 목적도 그것이 지능과 의식의 일반적인 성질에 대해 제공할 수 있는 통찰이 있기를 기대했기 때문이라는 것이다. 마이클 조던 같은 공학자와는 극단적으로 대립되는 입장이었다. 나는 호프스태터 같은 근본주의자가 아니라서 강력한 인공지능 기계를 만드는 공학자들을 존경할 따름이다. 그렇지만 지능을 만들 수 있다고 해서 지능이 무엇인지 아는 것은 아니라는 사실에 약간 실망스러울 수도 있다.

지능의 문제는 또 하나의 인기 분야인 뇌과학에서도 다뤄지는데, 뇌과학자들은 자연 현상으로서의 지능을 뇌의 작용을 바탕으로 정확하게 묘사하려고 한다. 그런데 지능의 묘사가 지능의 정체와 경험이 어떤 것인지 알려줄 수 있는지를 물을 수도 있다.

철학자 토머스 네이글의 책 《마음과 우주Mind and Cosmos》에 다음과 같은 예시가 나온다. 전자계산기 자판의 단추들 가운데 '3' '+' '5' 그리고 '=' 단추를 차례로 누르면 화면에 '8'이 나오는 것을 관찰하고 나서 그 이유를 묻는다고 하자. 그때 계산기를 만든 사람이 회로의 설계도를 자세히 보여주면서 전기의 흐름이 어떻게 그 현상을 일으키는지 자세히 설명했을 때 네이글이 던지는 질문은 '그것이 현상의 완전한 설명인가?'다. 물질 분석적인 이해가 이해의 전부인가를 묻는 것이다. 네이글은 일생 동안 객관적인 묘사와 주관적인 경험 사이의 간극을 집요하게 탐구한 철학자이기 때문에 이 질문에 대한 부정적인 답변을 이 책에서 길게 펼쳐낸다.

호프스태터의 책에서 다룬 괴델의 가장 중요한 발견은 수학적 진리를 기계적으로 파악하지 못한다는 사실이었다. 그런데 기계 자체도 '기계적'이지 않다는 것을 대부분의 엔지니어는 알 것이다. 지금 현존하는 컴퓨터 시스템들은 이미 인간이 이해할 수 있는 수준을 훨씬 능가했다. 가령 전산 시스템이 망가졌을 때 회로와 코드의 근본을 철저하게 알아내서 고치려는 의도는 모든 세포의 상태를 정확히 파악함으로써 환자를 치료하려는 착상 수준으로 황당해졌다는 것이 테크놀로지의 현실이다.

이느 정도의 거시적인 관점과 제한적인 진단과 분해가 보통의 방법론이다. 그래서 인공지능의 기본적인 미스터리로 돌아오자면 그것은 우리가 기계의 속마음조차도 구체적으로 이해하지 못한다는 충격적인 사실이다. 알파고를 비롯한 놀라운 기계들을 만들 수 있음에도 불구하고 기계가 어떻게 해서 그만큼 효율적으로 학습할 수 있는지를 파악하지 못하기 때문에 기계의 효율성에 대한 과학적 탐구가 새로운 주요 분야로 개발되

고 있기도 하다

  인공지능이 사회와 산업에 미칠 다양한 영향을 주제로 한 포럼의 중요한 소주제 중 하나가 '인공지능과 교육'이었기에 나는 다소 이론적이고 인간적인 관점에서 여러 이슈를 생각해볼 기회도 가졌다. 인간이 만든 기계가 지식을 배우는 과정도 확실히 모르는 상태에서 사람의 교육법에 확신을 가지고 논할 수 있을까?

  결국 인공지능 시대의 교육은 구체적인 방법론의 배경에 자연과 인간, 인간이 만든 기계를 다 경이롭게 바라보면서 조심스럽게 다룰 줄 아는 마음이 전제돼야 할 것이다. 그것이 현시대 인공지능의 신비가 우리에게 주는 중요한 교훈 중 하나다.

 2020. 11. 18.

수학의
문화적 오차범위

2018년 출간된 나의 책《수학이 필요한 순간》의 영어판을 준비하면서 내가 얼마나 우리나라 독자 특유의 문화를 염두에 두고 글을 썼는지 새삼 깨달았다. 영어 버전으로는 뜻이 불분명하거나 아예 바뀌는 현상도 일어나지만 무엇보다도 동기가 뚜렷하지 않은 내용이 너무나 많다는 느낌이었다.

수학이란 딱딱한 진리를 다루는 학문이라는 관점에서 이런 이야기를 의아하게 생각하는 사람들이 있을 것이다. 그렇지만 무엇에 관한 책이든 궁극적으로 독자는 저자가 자신과 많은 관심사를 공유한다는 믿음이 어느 정도 필요할 것이다. 즉 세상에서 무엇이 중요하고 무엇이 재미있는지에 대한 착상이 비슷해야 한다는 뜻이다. 여기서 문화의 영향이 당연히 나타나므로 수학에 관한 책도 이런 제약을 벗어날 수 없다.

영어권 독자들의 반응을 예상하면서 떠오르는 구체적인 걱정도 여럿이었다. 예를 들면 우리나라 독자에 비해서 수학 공식을 훨씬 싫어할 것이 분명했다. 스티븐 호킹이《시간의 역사》를 쓸 때 "공식 하나가 보일 때마다 매출이 반으로 줄어들 것"이라는 충고를 듣고 나서 유명한 아인슈타인 등식 $E=mc^2$ 하나만 책에 넣었다는 이야기가 생각났다. 그에 비해 나는 공식을 비교적 자유롭게 썼음에도 우리나라 독자들은 상당히 너그럽게 받아들여줬다.

　　책을 쓸 때만이 아니라 대중 강연을 할 때, 혹은 기자나 방송인들과 이야기할 때도 이와 관련된 경험을 자주 한다. 가령 음악인 원종우가 운영하는 팟캐스트에 출연했을 때 인구 표본이 커질수록 남자 비율이 2분의 1에 집중되는 현상을 이항분포의 그래프로 설명하는데, 그가 갑자기 "아, 저것이 큰 수의 법칙이지요"라고 말해서 깜짝 놀랐던 기억이 난다. 최근에는 인터뷰 중에는 '사칙연산 외에 다른 수학이 왜 필요한가'를 따지던 기자가 나라 사이의 불평등을 논하면서 '소득 분포의 정량적 비교'와 같은 고등한 개념을 너끈히 소화해냈다. 이런 식으로 대중에게 높은 수준의 기초 지식을 기대할 수 있었고 당연히 책을 쓸 때 도움을 많이 받았다.

　　우리나라 독자들의 또 다른 특징은 철학적인 명상을 비교적 좋아한다는 것이다. 어떤 종류의 수학적 구조를 논할 때 그것의 실용성도 중시하지만 그 구조가 지닌 철학적 의미에도 관심이 많다는 이야기다. 때로는 이런 성향이 정확한 이해를 저해하기도 한다. 글에 나타나는 장황한 철학은 의미의 모호성을 숨기는 데도 사용되기 때문이다. 그래서 그런 방식을 받아들이는 독자는 명료하게 이해할 기회를 놓치기도 한다. 그러나 의미를 탐구하는 근본주의적인 성향은 긴 안목으로 사물의 깊이에 대한 직관을 키워주기도 하기 때문에 모호성의 약점이 깊은 사유의 강점으로 바뀔 수도 있다.

　　　　어쨌든 나는 한국 독자들이 나의 애매한 철학적 습관을 관대하게 받아들일 것이라고 기대하고 글을 쓴 것이다. 그런 내용을 영어로 옮겼을 때는 단순한 횡설수설로 보이기도 해서 당황했다.

　　　　대중을 위한 책이 아니라 연구 논문을 읽을 때도 문화적 요소가 작용한다. 새로운 수학 논문을 학술 저널에 게재할 만한지 편집인이 결정하려면 논리의 옳고 그름도 중요하지만 가장 중요한 척도는 논문이 다루는 내용의 흥미도다. 아무리 정확한 내용을 기술하더라도 논문이 '재미없다'는 평가를 받으면 게재될 가망이 없다. 여기서 사용되는 주관적인 판단에는 문화 차이도 당연히 나타난다.

　　　　수학은 국제 교류가 상당히 많은 학문이다. 세계 수학 공동체는 지식과 자원을 경계를 초월해서 공유해야 한다고 굳게 믿는다. 그럼에도 각종 지역적인 특징들이 가끔 거론되면서 수학의 인문적인 면을 반영하기도 한다. 가령 프랑스 수학자는 추상적인 구조를 선호하고, 영국 수학자는 구체적인 예시를 좋아하며, 러시아 수학자는 기이한 상상력을 잘 발휘한다는 것이 많은 수학자들의 선입관이다.

　　　　이런 이야기를 읽는 독자는 자연히 우리나라 수학의 특징을 알고 싶어 할 것이다. 나는 불행히도 그런 지역성을 간파할 객관적인 눈을 갖지 못했다. 그래도 지금은 세계 곳곳에서 많은 한국 젊은이들이 훌륭한 연구를 하고 있으니 외국인의 눈에는 분명히 '한국적인 수학'의 면모가 보일 것이다. 거기에는 사회의 전통에 기반을 둔 문화적 성향도 나타날 것이고 구체적인 교육 시스템도 한몫할 것이다.

    우리나라의 가혹한 입시 제도를 걱정하는 사람들은 자연스럽게 수학 교육에 비판의 눈길을 돌리는 경향이 있다. 물론 바뀌어야 할 점이 있겠지만 일반인이나 젊은 수학자들의 정량적으로 표현할 수 있는 한국 수학 문화의 특징이 보존되기를 바란다.

2020. 12. 16.

수학적 사고력은
타고나는가?

수학 실력의 근원은 많은 사람들이 궁금해하는 바다. 이미 답을 알고 있다고 믿는 사람들은 때로는 자신은 재능이 없기 때문에 노력해도 소용없다는 극단적인 입장을 밝힌다. 이 정도로 비관적인 의견은 우리나라보다 미국과 영국에서 많이 접했다. 우리 문화는 어떤 조건에서든 노력을 중시하는 반면 미국과 영국에서는 '수학은 재능 있는 아이들이나 하는 것'이라는 선입관이 강하다.

물론 사람이 가진 각종 특성과 능력에 유전의 영향이 나타나긴 한다. 하지만 타고난 요소들은 환경과 복잡하게 상호작용하기 때문에 한 개인의 궁극적인 형성 결과를 예측하는 것은 상당히 어렵다. 관측된 다양성에 나타나는 유전의 영향을 정량화할 목적으로 과학자들은 '유전성'의 개념을 정의했다. 가령 유럽인 머리색의 유전성이 61~92퍼센트 사이라는 연구 결과가 있고, 어떤 논문들은 심각한 우울증의 유전성이 38퍼센트라고 주장하기도 한다.

유전성을 정확하게 정의할 때 사용되는 개념이 확률과 통계에서 만나는 '분산'이다. 분산은 주어진 표본의 측정값들이 퍼져 있는 정도를 나타내는 양이다. 측정값들이 평균 주위에 집중돼 있으면 분산이 작고 평균에서 먼 값들이 다양하게 나오면 분산이 크다는 것이 기본적인 직관인데 이것을 정량적으로 표현하는 것이다.

분산은 실생활 데이터를 해석할 때 흔하게 활용된다. 가령 한 나라의 경제 상태를 분석할 때 경제 불평등을 파악하려면 소득의 평균만 보아서는 아무런 판단도 할 수 없다. 그러나 소득의 분산은 불평등의 척도가 될 수 있으므로 분산이 평균에 비해서 작을수록 평등하다는 결론도 잠정적으로 가능하다.

유전성의 정확한 정의는 '(유전 요소의 분산)/(측정값의 분산)'으로 알 수 있다. 즉 관찰되는 차이 중에 유전의 영향이 차지하는 비율을 나타내고자 하는 것이다. 앞에서 언급한 연구처럼, 머리색의 다양성에 유전적 요소가 61~92퍼센트 작용하고 나머지는 환경 차이 때문이라는 것이다.

그런데 '수학적 사고력'은 머리색이나 특정한 질병에 비해서 훨씬 복잡한 현상이다. 그래서 내가 알기로는 유전적 효과에 대한 연구를 한다고 해도 믿을 만한 결과가 나온 경우는 지금까지 없다. 물론 편견에 따라서 특정한 방향으로 근거를 모으는 것은 가능할 것이다. 그러나 비판적 시각에서 캐물었을 때 살아남는 이론은 아직 없다.

2020년 10월 독일 막스플랑크인지과학연구소에서 낸 논문에 우측 정수리 피질의 부피가 수학 능력과 상관관계가 높다고 하는 주장이 있었다. 그런데 설사 그 주장이 맞는다고 해도 그 연구자들에 따르면 실험 대상자들의 수학적 사고력 차이에 피질의 부피는 20퍼센트 정도 영향을 미친다고 한다. 그러면 우리 혹은 우리 자녀가 수학을 배울 때 정수리 피질의 두께에 얼마나 신경 써야 할까?

유전성의 정의를 보고 나서도 그 뜻을 정확하게 파악하기는 어렵다. 인구 표본의 키는 평균과 분산 등을 쉽게 계산할 수 있어도 '수학적 사고력'의 분산은 어떻게 계산할 수 있을까? 가능한 방법은 특정한 수학 시험의 점수 분산을 계산하는 것이다. 그런데 연구에 사용하는 시험들이 수학적 사고력을 진정으로 대변할 수 있는지를 물을 수 있다. 지금까지 내가 들여다본 예시들은 해마다 많은 비판의 대상이 되는 한국 수능 시험보다 훨씬 피상적으로 제작돼 있다는 것이 나의 판단이다.

유전 요소의 분산을 수로 표현하는 것 역시 상당히 어려워서 다양한 방법론이 존재하고 연구를 자세히 분석해야만 타당성을 검증할 수 있다. 즉 유전성의 정의에 나오는 분모와 분자가 학술지에 게재되는 논문인 경우에도 얼마든지 비판의 대상이 될 수 있다.

만약 수학적 사고력 유전성이 80퍼센트라는 설득력 있는 연구 결과가 나온다면 독자는 어떻게 반응할까? 훨씬 이해하기 쉬운 경우와 비교하면 판단에 도움이 될 것이다. 잠시 검색을 해보면 키의 유전성이 약 80퍼센트라는 자료를 많이 찾을 수 있다. 웰컴재단과 캐나다 정부의 지원하에 국제 보건에 대한 데이터를 대대적으로 수집했고 이와 관련된 논문이 2016년에 학술지 〈이라이프eLife〉에 게재됐다. 논문에 따르면 한국 여성의 평균 키는 1914년에서 2014년 사이에 약 20센티미터 커졌다고 한다.

즉 유전의 효과가 80퍼센트인 상황에서도 환경은 상식적으로 엄청나다고 할 만한 차이를 낼 수 있다는 결론이 가능하다. 그렇다면 아무도 믿을 만하게 측정해본 일이 없는 수학적 사고의 유전성에 대해서 공부하는 개인은 얼마나 고민해야 할까? 이 문제는 각자의 판단에 맡긴다.

2021. 1. 13.

인터넷 시대의
수학 공부법

2020년쯤부터 출판 관계자들에게서 수학 교양서가 대체로 잘 팔린다는 이야기를 자주 듣고 있다. 몇몇 신문 기사들에 따르면 성인들이 수학 공부에 관심이 많고, 특히 40대가 주류라고 한다. 수학 문화의 폭넓은 보급이 주 관심사 중 하나인 나에게는 반가운 소식이 아닐 수 없다.

이런 조류 때문인지 '어떻게 하면 어른이 돼서도 수학을 재미있게 공부하는가?'라는 질문을 많이 받는다. 그때마다 나는 교양서보다도 인터넷을 자주 언급한다. 2020년 말 〈포브스〉에 보도된 바에 따르면 지난 10년 동안에만 인터넷 정보량이 약 50배 증가했고, 구글 검색은 세계적으로 하루에 35억 회 실행된다고 한다. 그 덕분에 누구나 쉽게 접근 가능한 지적 자원 역시 대단히 많아진 세상이다.

얼마 전에 '핸드폰을 가진 젊은이들이 이해 못 하는 해괴한 역사'라는 제목으로 편성된 농담 시리즈에 '우리 부모 세대는 객관적 사실에 대한 논란이 일어났을 때 누가 맞는지 판명할 방법이 없었다'는 내용이 들어 있기도 했다. 내 책장에는 대학원 시절 거금을 들여서 구입한 《브리태니커 백과사전》 총 32권이 쓸쓸하게 많은 자리를 차지하고 있다. 지금은 웬만한 항목을 세계 시민 모두가 지식을 기부해 만들어낸 '민수 백과사전' 위키피디아에서 찾아보기 때문에 브리태니커 사전은 거의 무용지물이 돼버렸다.

학문적 교류도 당연히 인터넷의 영향을 극적으로 받고 있다. 요새는 자연과학 분야의 새로운 연구 결과를 출판된 논문으로 읽는 경우가 거의 없다. 전 세계 학자들이 발행 전 논문을 업로드하는 'arXiv' 사이트가 있어서 거기에 게재된 내용을 중심으로 거의 모든 과학적 담론이 진행된다.

1991년 문을 연 이 사이트에 오른 논문의 수가 2014년에 이르러 100만 편을 넘겼고, 지금은 한 달에 1만 편 이상이 새로 올라오고 있는 상황이다. 따라서 관심만 있다면 누구든지 쉽게 최첨단 연구 내용을 볼 수 있다(예를 들면 스티븐 호킹의 블랙홀 논문 몇 개를 찾아볼 것을 권장한다).

수학을 재미있게 설명해주는 인터넷 자료 역시 굉장히 많다. 유튜브 채널 중에 추천할 만한 채널로 '넘버파일Numberphile' '스리블루원브라운3blue1brown' '피직스 걸physics girl' 등이 있는데 이들의 공통적인 장점은 수학의 증명과 문제 풀이에 집중하기보다 신기한 수학적 현상을 강조한다는 것이다. 현상의 놀라움을 동영상을 이용해서 보여준 다음에 다양한 방법으로 직관적인 설명을 해준다.

교과과정의 엄밀한 학습에서 약간 숨을 돌리

고 싶은 학생에게도 도움이 될 것이고, 학교를 떠난 지 오래된 성인이 수학적 사고를 다시 접하고 싶을 때 사용하면 좋을 자료다. 후자에게는 특히 체계적인 공부보다 각종 매체와 독서, 대화를 겸하는 비선형적 학습이 훨씬 효율적이기 때문에 다양한 인터넷 사이트들을 적절히 활용할 것을 강력하게 추천한다.

지금처럼 온갖 것을 다 공부하기 편해진 세상에서 인터넷의 지적 자원을 충분히 활용하기 위한 필요조건이 하나 있긴 하다. 그것은 수준 높은 정보가 대부분 영어로 돼 있다는 사실이다. 인터넷 관련 통계를 제공하는 웹사이트 '더블유쓰리텍스W3Techs'에 따르면 인터넷 콘텐츠의 60퍼센트 이상이 영어로 돼 있다. 그다음으로 흔한 언어는 러시아어로 전체의 8.2퍼센트를 차지하고, 프랑스어는 2.7퍼센트, 독일어는 2.2퍼센트다.

내 생각으로는 학술적인 내용이 담긴 콘텐츠만 따지면 영어의 비율이 더 높아질 것 같다. 근대까지도 유럽 학술 활동에서 라틴어가 하던 통용어 역할을 지금은 영어가 하고 있기 때문이다.

앞서 이야기한 '수학 대중화' 웹사이트의 언어 역시 영어가 압도적이다. 언젠가 학교 선생님들과의 대화에서 정부가 좋은 내용을 번역해서 제공해줬으면 좋겠다는 의견을 들은 적이 있다. 그러나 지식 민주화 시대에 정부의 노력만으로 전 세계 시민이 부단히 생산하는 지식을 따라잡기를 기대하는 것 자체가 무리다.

미래에는 인공지능이 자동 번역을 원활하게 해줄 수도 있겠지만, 지금 현재는 영어로 좋은 자료를 찾는 데 계속 익숙해질 것을 권장하고 싶다. 지금 스스로 서툴다고 느끼는 사람도 자신이 특히 관심 있는 내용을 중심으로 구글 번역을 사용하면서 읽어가면 영어 해독이 차차 쉬워질 것이다.

한때는 나도 학교 교육에서 영어가 차지하는 큰 비중을 약간은 비판적으로 생각했던 것 같다. 그런데 지금은 영어를 편하게 읽는 사람과 그렇지 못한 사람 사이의 문화 차이가 전 세계적으로 커지는 상황이다. 그래서 나도 '영어를 왜 배워야 하나요?'라는 질문에 '수학을 재미있게 배우기 위해서'라는 답변을 항상 포함하고 있다.

2021. 4. 7.

무지를 깨닫는
공부

2022년 개정 교육과정에 대한 토론이 계속되는 가운데 국가교육회의가 주도한 '국민 참여 설문조사'가 5~6월 사이에 한 달간 온라인으로 실시됐다. 초중고에서 현재보다 더 강화돼야 할 교육 영역 일순위로 '인성 교육'(36.3퍼센트)이 가장 많이 꼽혔다. 수학·과학 교육 강화를 일순위로 꼽은 응답자 비율은 4.9퍼센트에 불과했다.

어떤 교육 정책이든 해결해야 할 과제를 크게 세 가지로 분류할 수 있다. 목표하는 바를 정하는 것, 목표를 달성할 방법론을 찾는 것, 마지막으로 그런 방법을 실현할 교사를 양성하는 것이다. 첫 번째 과제를 「인성교육진흥법」 제2조에서 다음과 같이 규정한다. "인성 교육이란 자신의 내면을 바르고 건전하게 가꾸고 타인·공동체·자연과 더불어 살아가는 데 필요한 인간다운 성품과 역량을 기르는 것을 목적으로 한다." 이 정도로 두루뭉술하게 표현한 목표에 그 자체로 이견을 제시할 사람은 별로 없을 것이다.

물론 구체적인 기준을 따지기 시작하면서 문제가 달라진다. 가령 세대가 다르면 '인간다운 성품'을 상당히 다르게 정의할 수도 있고, 종교에 따라서도 관점이 다를 것이다. 방법론으로 들어가면 문제는 더 복잡해지다. 인의예지를 갈고닦은 사람, 성경의 교훈을 절대적으로 여기는 신자, 또 자유민주주의 원리를 숭배하는 현대인 다 제각기 다른 방법을 원할 수 있다. 최근 들어서 전통적인 인성 교육에 회의적인 사람들은 '공감력'을 도덕의 원천으로 삼으려고 애쓰기도 한다.

  동양 인성 교육의 기본이 사서삼경이라면 서양 철학에서는 고대 그리스의 철학서들, 특히 플라톤과 아리스토텔레스의 저서들이 비슷한 지위를 차지한다. 잘 알려졌으면서도 잘 잊히는 사실 중 하나가 플라톤은 도덕을 포함한 모든 교육의 근본이 수학이라고 했다는 점이다.

  플라톤의 걸작《공화국》에서 권장하는 커리큘럼에 따르면 지도자가 되고자 하는 사람은 유아기부터 18세까지 수학을 공부하다가 2년의 군 복무 끝에 30세까지 또 수학을 배우도록 하고 있다. 그렇게 해서 수학의 모든 분야에 대한 전체적인 이해가 생긴 뒤에 철학 공부를 시작하고, 그로부터 사회와 정치 활동을 제대로 할 기반을 갖춘다.

  플라톤이 어떤 동기로 수학 교육을 그토록 중시했는지에 대한 각종 이론이 19세기 이후로 상당한 논란이 돼왔다. 근본적인 아이디어는 두 가지로 분류된다. 하나는 수학이 엄밀한 사고력을 키워준다는 주장이다. 즉 배우는 내용 자체와는 어느 정도 무관하게 짜임새 있는 사고력 훈련이 궁극적으로 모든 세상사에 대해 철저하게 생각하고 대처할 준비를 시켜준다는 착상이다.

또 하나 제시된 가능성은 수학이 질서와 패턴, 구조를 연구하는 학문이라는 사실이 주된 요점이라는 것이다. 플라톤이 생각한 '선善'의 개념에는 이상적인 세계의 진실이 핵심이고, 그런 세계의 형성은 수학과 밀접한 관계를 가지고 있다. 그렇기 때문에 수학 없이는 진리를 알 수 없고 진리를 모르면 정치를 할 수 없다는 종류의 논리였다.

나는 수학과 인성의 관계를 다소 다른 관점에서 생각한다. 우선 과학과 기술이 지배하는 세계 속에서 수학은 현대적 물질론에 대한 대안을 준다. 이는 수 체계나 기하적 구조들이 객관적인 진리를 표현하고 자연스러운 성질을 지녔음에도 물질적인 객체로 묘사하기 어렵다는 기묘한 사실에 기원한다. 이 때문에 영적인 세계의 진리를 탐구하는 사람들, 예를 들어 신학자들 가운데 수학에 대한 관심이 각별한 사람이 다수 있다. 수학은 인간에게 물질을 초월하는 실존에 대한 단서를 제공하면서 삶에 대한 겸허한 자세를 키워줄 잠재력을 지니고 있다.

수학은 다른 면으로도 세상의 진리에 대한 일종의 겸손을 가르쳐준다. 근 40년 동안 수학을 공부하면서 내게 남은 인생 교훈이 있다면 세상사에 대한 것은 어느 하나로 결론 내리기가 너무나 어렵다는 사실이다. 말의 의미나 논리의 구조가 상당히 조심스럽게 정의된 수학의 세계에서도 첨단 연구, 특히 자연과학과의 섭점에서 하는 일은 수많은 실수가 따르고 문장 하나를 자신 있게 쓸 수 있기까지 여러 해의 집중된 노력이 필요하기 때문이다.

그런 경험 후에는 인간사에 대한 의견이 극히 잠정적일 수밖에 없다. 즉, 내가 아는 것은 나의 무지밖에 없다는 소크라테스의 교훈을 가장 잘 깨우쳐주는 공부가 수학이 아닐까 하는 생각이다.

스스로의 무지를 아는 것이 인성에 도움이 되는가 하는 의문도 가능하다. 가령 뛰어난 지도자라면 무지의 바닷속에서도 현명한 결정을 내려야 하는 작업이 앎 자체보다 더 중요하다. 그럼에도 나는 세상의 근본적인 미스터리를 인정하는 수학의 시각이 사람·자연·사회를 대하는 관대한 포용력을 키워주리라는 기대를 가끔 해본다.

2021. 7. 28.

영국,
수학 문맹과의 전쟁

2023년 1월 시작된 영국의 수학 교육 논란이 계속되고 있다. 논란은 리시 수낵 총리가 잉글랜드에서 18세까지 수학 교육을 의무화하겠다는 계획을 밝히면서 시작됐다(교육 정책은 영국의 자치 구역들인 잉글랜드, 스코틀랜드, 웨일스, 북아일랜드 정부가 자체적으로 정한다). 그는 신년 연설에서 수학 교육 확대의 취지와 필요성을 강조한 뒤, 2023년 4월에 구체적인 계획을 마련할 전문위원회를 구성하겠다고 선언했다.

잉글랜드의 중고등 교육 시스템은 크게 세 단계로 나뉜다. 7학년부터 9학년까지는 대략 우리나라 중학교 과정과 대응된다. 그다음 10학년과 11학년은 '일반 고등교육 과정'에 해당한다. 과목을 7~10개 수강한 뒤 11학년 말에 시험을 통과하면 GCSEGeneral Certificate of Secondary Education라는 '일반 고등교육 수료증'을 받는다.

12학년과 13학년 교육은 'A-레벨advanced-level' 과정이라고 부르는데, 우리말로는 '특화 고등교육' 정도로 번역할 수 있겠다. 대학 진학 준비 성격의 이 마지막 2년은 학생이 자유롭게 과목들을 선택할 수 있다. 가령 영문학, 역사, 프랑스어까지 인문학적 과목만 세 개 수강할 수도 있고, 수학, 물리, 계산과학을 선택할 수

도 있다

짐작하겠지만 이런 교육 시스템에 대한 비판은 상당히 오래전부터 있었다. A-레벨에서 듣는 과목 수가 더 많아져야 한다는 지적이 대표적이다. 학생이 원하면 다섯 과목까지 수강할 수 있지만, 세 개만 수강해도 문제가 없고 대학 입학 때도 그 이상을 요구하지는 않기에 대부분의 학생은 관심사에 따라서 과목을 딱 세 개만 듣는다.

수강 과목을 늘리자는 이들은 젊은이가 자신의 진정한 적성과 정열을 다양하게 탐구해볼 기회도 없이 시야가 아주 좁은 상태에서 진로를 결정한다고 비판한다. 또 수학이나 영어 같은 기초 과목 학자나 교육자들이 자기 분야 과목의 의무화를 주기적으로 제안하기도 했다.

수낵 총리의 최근 발표는 그동안 GCSE까지만 요구되던 수학 공부를 마지막 2년까지 의무화하자는 것이다. 영국 정부는 학생들의 '수학 문맹' 위기가 심각해 현대 경제, 특히 정보와 기술 중심의 세계에서 영국의 젊은이들이 적응하기 어렵다고 주장한다. 실제 GCSE 수학 과목도 전체 학생의 3분의 1이 시험에서 낙제 점수를 받아 재수강해야 하는데, 재수강 성공률도 20퍼센트 수준에 그친다고 한다. GCSE 수학 시험만 서너 번 봐야 하는 학생도 드물지 않다. 정부 통계에 따르면 수학 문해력이 9세 아동 수준을 넘지 못하는 성인이 800만 명 이상이라고 한다.

이런 상황에서 수낵 총리는 '수학 외면 문화'를 대대적으로 개편하겠다는 비전을 제시했고, 이를 두고 칭찬과 비판이 동시에 쏟아지는 것은 당연하다. 비판의 핵심은 두 가지다. 먼저 계획을 실현할 국력이 부족하다는 점이다. 지금보다 훨씬 많은 사람이 수학을 배워야 한다면 가르칠 인력부터 확보해야 하는데, 수학을 가르칠 만큼 실력을 갖춘 교사가 절대적으로 부족하다는 이야기다. 전국교육연구회는 최근 수년 동안 수학 전공 학위가 없는 사람을 수학 교사로 채용한 공립학교가 전체의 45퍼센트라고 밝혔다.

다음으로 이상주의적인 관점에서 개개인의 성향을 고려하지 않은 수학 공부의 의무화는 오히려 교육적 역효과만 초래한다는 주장이다. 또 이런 종류의 비판들에는 수낵 총리가 국가 건강보험 위기나 물가 상승 같은 시급한 문제를 거론하기 싫어서 수학 교육을 일종의 방어 전략으로 이용하고 있을 뿐이라는 주장이 함께 따른다.

그런가 하면 여러 문제점을 고려하더라도 수학 교육의 중요성이 강조되는 것은 일단 좋은 일이라는 의견도 많다. 왕립과학회에서는 대체로 긍정적인 선언문을 내놓았고, 런던수학회에서도 적당한 반응을 검토 중이다.

수학 교육을 둘러싼 이런 논란은 처음이 아니

다 2011~2014년 마이클 고브 교육부 장관 시절에도 크게 한 번 일었다. 고브는 역사적 발전의 원동력을 수학으로 해석하는 몇 차례 연설과 선언문에서 수학 교육의 의무화를 추진하겠다고 밝혔다. 그는 수학 교육이 뛰어난 동아시아 국가들을 르네상스 시대의 유럽 그리고 산업혁명기의 영국과 재차 비교했다. 하지만 당시 고브의 계획은 여론의 관심과 지지를 얻지 못했다.

당시에 비하면 수낵 총리의 현재 전략은 실현 가능성이 좀 더 있어 보인다. 우리나라에서 2022년 개정 교육과정에 대한 토론이 진행되는 가운데 다른 나라의 사정을 잠깐 엿보는 것도 좋을 것 같다.

2023. 5. 3.

교양 지식의 함정

　　몇 년 전 머튼칼리지에서 역사 전공 학생들과 수학과 역사의 관계를 논하다가 톨스토이의 소설《전쟁과 평화》에 나오는 '역사의 미적분학' 이론을 설명해줬다. 소설 곳곳에는 저자의 역사철학 중 하나로, 큰 사건과 인물 중심의 개념적 틀을 벗어나 각 순간 사회 구성 요소들의 미세 변화를 추적하고, 그들의 효과를 연속적으로 더해준 적분을 통해서만 역사의 양상을 정확하게 파악할 수 있으리라는 추측을 상당히 길게 설명한다. 이론의 설득력 문제를 떠나서 톨스토이가 미적분학의 기본 개념들을 꽤 잘 이해하고 있었음을 보여주는 대목이다.

　　그런데 그날 놀란 것은 학생 세 명 중 두 명이《전쟁과 평화》에 대해서 들어본 적이 없다는 사실이었다. 물론 동아시아 국가에 전해져서 아직도 인기 있는 유럽 문화의 산물 중 유럽에서는 잊힌 것들이 많다. 우리나라에서 좋아하는 '어린이 명작'이지만 유럽에서 찾기 어려운 것들도 많고 영어권과 프랑스어권에서는 전혀 모르는 독일 문학이 한국에서 공부되는 사례도 종종 있다. 한편 선종 불교의 개념들을 일반인이 들어본 일은 미국이 한국보다 많을지도 모르겠다. 그러나《전쟁과 평화》같은 명작 소설이 잊힌다는 것은 다소 충격이었다.

실은 내가 미국과 영국에서 교수 생활을 하면서 '교양'이라고 할 만한 지식을 폄하하는 태도를 대학 내에서 마주친 일이 적지 않다. 필요 없는 지식을 간직하는 것은 필요 없는 자동차를 수집하는 것과 같다는 의견을 어떤 수학 교육 전문가로부터 듣기도 했다. 또 음악의 역사나 이론의 공부는 소질 없는 연주가에게나 중요하다는 음악 대가의 주장도 들어봤다. 수학의 대가가 수학에 대한 박식조차 창조적인 일에 방해가 된다는 태도를 취하기도 한다.

세상의 깊고 넓은 이해로부터 오는 즐거움의 관점에서는 이런 의견들을 무시해도 상관없다. 그러나 전문 교육자에게는 '어느 정도의 폭넓은 교육 혹은 교양이 학생들에게 도움이 되는가'는 중대한 질문이다. 그에 대한 답을 나는 잘 모르겠다. 젊은 시절에는 폭넓은 지식을 좋아하던 내가 나이가 들면서 '지적 자원의 효율적 분배'를 의식할 때가 많다. 특히 유럽 학계에서는 대체로 구체적인 특화 교육이 지배적인데도 창조적 활동의 전통이 탄탄하게 이어지는 현상이 생각을 재정리하게 만든다.

최근에 스코틀랜드의 자연철학자인 다시 톰슨에 대해서 읽으면서 특히 마음이 흔들렸다. 그의 연구가 '교양의 방해'를 받았다는 인상을 피할 수 없었기 때문이다. 톰슨은 영향력 있는 과학서 《성장과 형태On Growth and Form》의 저자다. 이 책은 개정판과 축소판을 포함해서 1917년에 발행된 이후로 한 번도 절판된 적이 없는 세기의 베스트셀러다.

  수학적 관점에서 기술한 자연철학서지만 고상한 문체와 아름다운 삽화에 힘입어 여러 분야 학자와 일반 독자들에게도 사랑받는 책이다. 특히 톰슨의 글솜씨는 높이 평가돼서 《성장과 형태》는 과학서 중 최고 문학 작품이라는 칭찬도 따라다닌다. 무엇보다도 생명과학에서 수학의 중요성을 강조한 책이고 수리생물학의 발전에 지대한 영향을 미쳤기 때문에 수학자로서 좋아하지 않을 수 없다. 그러나 이 책의 결점 또한 너무나 분명하다.

  톰슨은 생물학자인 동시에 고전학자였다. 19세기에 교육받은 영국 신사답게 그는 그리스·로마의 고전을 통달해서 아리스토텔레스의 동물학 책을 영어로 번역하기도 했다. 《성장과 형태》에서도 고대 작가와 유럽의 철학이나 문학이 수없이 인용되고 그의 자연철학적 주장은 거의 항상 고전 문구와 함께 표현된다.

  그런데 공교롭게도 그의 수학 또한 고대 그리스의 틀을 벗어나지 못했다는 증거가 책에 가득하다. 19세기 유럽 학계의 전반적인 약점 중 하나가 고전의 숭배였다. 톰슨도 그리스 기하학을 수학의 최고봉으로 간주했기 때문에 흥미로운 관찰과 뛰어난 직관에도 불구하고 결국 구체적인 이론을 스스로 창출하지 못한 채 훌륭하지만 모호한 영감만 후대에 남겼다.

그는 회전 곡면이나 아르키메데스 와선 같은 고전 기하에 집착한 나머지 그 당시 이미 개발돼 있던 강력한 함수론의 도구들을 외면한 것이다. 수학적 방법론의 전반적인 중요성을 옳게 간파한 학자가 자신을 제한하는 세계관 때문에 개념적 헛걸음을 하는 모습이 책 곳곳에서 나타난다.

물론 필수적이라고 여겨지는 교양 그 자체가 시대에 따라서 (때로는 빨리) 진화한다. 고대 그리스 철학과 문학을 알면 유식하다고 여겨지던 시대는 지나간 지 오래고, 동양에서도 사서삼경의 중요성은 쇠퇴했다. 그렇더라도 어느 시대에나 지적 능력의 효율적 개발은 중요한 관건이어서 전문성과 교양의 적당한 균형은 끊임없는 질문의 대상이 될 수밖에 없다.

2023. 7. 5.

열정 없는 학생이
웃는다

최근 들어 자주 동료 교수들로부터 '요즘 학생'의 열정 결핍에 관한 불평을 듣는다. 한편으로는 별 심각성 없이 지나가는 의견으로 간주할 수 있다. 그러나 교육을 개정하는 복잡한 과정에서 지나가는 의견이 여론이 되고 여론은 어떤 식으로든 정책에 반영될 가능성이 적지 않다. 그래서 별수 없이 잡담에 관한 생각도 다소 심각해질 때가 있다.

교육에 관한 담론에 참여할 때마다 강하게 느끼는 것은 정확한 실태 파악이 어렵다는 것이다. 가령 '수포자'가 많다는 의견이 있으면 그것이 무슨 뜻인지, 어떤 상황에서 얼마나 조심스럽게 조사해서 근거를 찾아낸 것인지를 알아내기 어렵다. 물론 나도 학생들의 열정을 실제로 조사할 능력은 없다. 따라서 그 주제에 얽힌 지극히 개인적인 경험을 약간만 이야기하려고 한다.

내가 미국에서 영국으로 이직한 때가 2007년이니, 약 17년을 미국에서 학생들을 가르친 뒤 영국, 구체적으로 유니버시티칼리지런던과 옥스퍼드대학교에서 13년을 가르쳤다. 유니버시티칼리지런던에서 일하기 시작했을 때 새로운 사회를 체험하면서 수학과 학생들의 문화가 미국과 다른 점들이 자연히 눈에 띄었다. 그중 하나가 바로 열정의 차이였다. 미국 대학들에서는 수학을 전공하는 학생이라면 내게로 수학에 대한 '꿈'을 마음속 어딘가에 품고 있었다. 수학 그 자체를 어떤 식으로든 멋지다고 생각하면서 다분히 낭만적인 시각으로 공부에 임하는 학생들이 대부분이었다. 그리고 뚜렷한 현실성 없이도 수학자가 되겠다는 꿈을 가진 학생들이 적지 않았다. 꿈이 컸던 만큼 크게 좌절하는 것도 당연히 많이 봤다.

하지만 내가 경험한 한도 안에서, 유니버시티칼리지런던과 옥스퍼드대학교에서는 수학을 장기간 공부할 것이라고 기대하는 학생 수 자체가 소수다. 대부분의 학생은 자신이 수학에 어느 정도 소질이 있다는 직관과 수학 학위가 취직에 도움이 된다는 판단을 더해 전공을 선택한다. 실제로 전국적으로 수학은 지속적으로 취직률이 높은 학과다. 수학과에서 반가워하는 통계지만, 그 때문에 수학에 별 관심이 없는 학생들도 다수 지원한다.

옥스퍼드대학교에서 특히 자주 관찰한 현상 중 하나는 3학년쯤 필수 과목이 없어지면서 성적이 잘 나온다는 소문이 있고 내용이 상대적으로 쉬운 과목을 찾는 학생이 많다는 점이었다. 즉 수학에 대한 열정을 학생들 사이에서 찾기 힘들다. 이런 문화 차이는 수학과에만 국한되는 특징은 아닐 것이다. 미국 대학에서는 입학 사정 때부터 자기소개서에 나타나는 열정을 중시한다. 그러나 영국 대학에서는 상당히 뛰어난 학생도 자기

소개서를 형식적으로 쓰는 편이고, 지원서를 읽는 교수도 소개서를 중요하게 보는 경우는 많지 않다.

근본적인 질문은, 학생들에게서 열정을 어느 정도 기대하는 것이 좋은지다. 수학을 연구하는 교수 입장에서는 자연히 학생들에게 자기와 비슷한 수준의 열정을 바라지만, 학생들이 생각하는 진로는 각양각색일 것이다. 그러면 수학자가 되고 싶은 학생은 온 인생을 수학에 바쳐야 할까? 나로서는 이에 관해 자신 있는 답을 내기 힘들다.

어찌 보면 이 질문은 '열정'과 '즐거움' 사이의 미묘한 관계를 추궁한다. 이것이 상호보완적일 수도, 상충관계일 수도 있다는 것이 핵심적인 어려움이다. 여러 종류의 창조적인 작업에서 열정이 즐거움과 같이 갈 수도 있지만, 인간과 인생의 경험은 그보다 훨씬 다양하다. 즉 정열적인 헌신이 지속적으로, 또 직업적으로 일상적인 즐거움 속에서 일하는 것을 방해할 수도 있다.

지금의 나는 영국 학생들의 문화를 대체로 선호한다. 내가 아는 전형적인 영국 수학과 학생들의 동기를 들여다보면 '실용성'과 '즐거움'이 적당하게 배합됐다는 느낌이 든다. 학생들이 재미있게 할 수 있는 한도 안에서 한번 해보는 수준으로 수학을 전공으로 택한 것이다. 물론 수학에 완전히 빠져서 계속 열심히 하는 학생들도 있다. 그러면서 수학 공부를 바탕으로 삼아 다른 일을 하는 사람이 다수이고 적당한 수준에서 직업적으로 일하는 수학자도 많은 것이 건전한 문화라는 주장을 이해하게 됐다. 미국과 유럽의 차이를 표현하는 '복지 국가'의 틀 안에서는 큰 열정에 의존하지 않고도 원활하게 운영되는 사회체제가 중시된다. 이런 복지 원리가 학문과 교육에서도 나타나는 것이 자연스럽다.

  물론 이런 관점이 질문의 끝일 수는 없다. 요즘 파리 거리를 뒤덮은 시위처럼 유럽 미디어에 자주 나타나는 '복지 국가의 위기'를 목격할 때면 마음이 흔들리며 나 역시 학생들에게서 정열을 기대하곤 한다.

2023. 4. 5.

나쁜 수학 문제란 무엇인가?

해마다 수능시험에 관한 토론에서 '나쁜 문제'에 대한 비판이 빠지지 않는다. 문제에 오류가 있는 경우는 물론이고 그보다 훨씬 복잡한 의미로 나쁘다고 여겨지는 문제들도 논란의 대상이 된다. 가령 수학 시험의 가장 고난도 문제들은 '비비 꼬여 있다'라는 것도 잦은 불평 중 하나다.

문제가 '꼬였다'는 것이 무슨 뜻인지 파악하려고 내 나름대로 노력할 일이 있었다. 최근 어느 방송국 기획팀에서 수년 치 수능 수학 난제들을 보내줘서 살펴봤다. 그 결과 정확히 '이것이 잘못됐다'고 지적하기는 어려웠다(분명히 난도 높은 문제들이었고 나 같으면 주어진 시간 안에 못 풀었을 가능성이 크기는 하다).

물론 수능시험 전체에 대한 여러 정치·사회·교육적인 비판이 가능하다. 단답형 시험의 한계, 시험 범위의 문제, 지나친 경쟁 구조, 교육 자원의 공정성 등을 많은 사람이 지적하고 있다. 그런 이슈들을 더 명확하게 파악하기 위해서라도 나는 될 수 있으면 수학 자체의 관점에서 문제들을 평가하려고 했다.

좋고 나쁜 문제를 판단하기 어렵다는 사실은 수학 연구에서도 부단히 나타난다. 수학은 다른 학문 체계에 비해 논리 전개의 투명성과 엄밀성을 중요시한다.

그러나 논리가 옳아야 한다는 것은 문장의 문법이 맞아야 한다는 정도의 학문적 필요조건이다. 연구의 중요성을 주장할 때는 거기서 다루는 문제나 이론이 어떤 의미에선가 좋다는 판단이 필요하다.

따라서 뛰어난 학술지에 논문을 게재하느냐는 결정도 궁극적으로 그 논문에 얼마나 좋은 수학이 풍부하게 들어 있는지로 판단한다. 이에 대해서는 상당한 의견 차이도 있고 시대에 따라서 수학계 전체의 가치관이 바뀌기도 한다.

내가 학자로 지내던 시간에 해결된 수학 문제 중에서 가장 유명한 것은 '페르마의 마지막 정리'가 아닌가 싶다. 자연수 n이 3 이상이면 등식 $x^n + y^n = z^n$을 만족하는 0이 아닌 정수 x, y, z가 전혀 없다는 명제다. 프랑스의 수학자 페르마가 17세기에 이 명제를 제안하고 그에 대한 증명을 후대에 남기지 않았지만 수백 년 지난 1995년 영국 수학자 앤드루 와일스가 130쪽 분량의 어려운 논문에서 이를 증명하는 데 성공했다.

요점은 이 명제가 풀리기 전까지 이 문제의 중요성에 관해 여러 의견이 있었다는 것이다. 가령 18~19세기 가장 뛰어난 수학자로 평가되는 가우스는 그것을 어렵기만 하고 별 의미 없는 여러 문제 중 하나라고 비꼬았다. 이 문제는 내용 자체가 너무 간단해서 수학을 좋아하는 아이들이나 아마추어들의 관심도 지속됐다. 와일스 자신도 어린 시절 이 문제에 끌렸지만 그 이후로 별 중요성이 없다고 판단해 어른이 돼서는 오랫동안 생각하지 않았다고 한다.

그러다 수학의 가장 고등한 이론 중 하나로 꼽히는 랭그랜즈 프로그램의 일부인 시무라-타니야마 추측으로부터 페르마의 정리가 따른다는 사실이 밝혀지고 나서 그 추측을 증명하는 데 전념한 결과 결국 증명에 성공하고 페르마의 정리도 덩달아 해결됐다.

그렇다면 그 중요하다는 랭그랜즈 프로그램은 무엇인가? 너무나 많은 배경지식과 고등한 언어를 요구하기에 수학자들도 대부분 이해하지 못하는 내용이다. 그 정도로 '비비 꼬인' 이론 같으면 자연스럽지 못한 그릇된 연구 방향이라고 믿는 수학자들도 적지 않다. 물론 그것은 수학 연구 이야기이고, 중고등학교 수학에서는 좋고 나쁜 문제를 쉽게 판별할 수 있다고 믿는 사람도 있다. 그러나 학교에서 배우는 수학도 학문의 긴 역사 속에서 보면 비교적 최근에 밝혀진 고등한 내용들이 많고(고대 그리스의 가장 뛰어난 수학자들도 수능 수학은 대부분 이해 못할 것이다) 그 때문에 좋고 나쁜 문제 판단을 섣불리 할 수 없는 경우가 얼마든지 있다.

방송국으로부터 문제들을 받고서 나는 인터뷰 직전에 몇몇 학교 선생님들의 의견을 듣고 싶어서 갑작스럽게 줌 회의를 열었다. 금요일 저녁 귀중한 시간에 좋은 피드백을 주신 선생님들이 많아 우리나라 교육자들의 열정과 높은 수준에 다시 한번 감탄했다. 그런 분들의 실력과 열의외 사려 깊은 고민 덕분에 허구한 날 같은 말만 나오는 듯한 피곤한 교육 담론 속에서도 여러 해 지나고 보면 (가령 내가 어렸을 때와 비교해보면) 우리나라의 교육 수준이 엄청나게 발전한 것을 목격할 수 있는 것 같다.

2023. 10. 18.

성적과 사회성은
반비례하는가?

몇 년 전에 젊은 수학자들이 학계를 떠나는 결정에 대해 수학의 대가 A 교수와 이야기한 적이 있다. 영국에서는 보통 수학 전공생의 수가 굉장히 많다. 옥스퍼드대학교, 케임브리지대학교, 런던대학교, 에든버러대학교의 경우 1년에 200명 이상의 수학과 입학생을 받는다. 물론 그중에서 수학에 대한 열정이 강한 학생은 소수이고 졸업할 때쯤 대부분 직장을 구한다. 그런데 박사학위까지 받고 나서 혹은 박사후 연구원을 몇 년 경험한 뒤 학계를 떠나는 젊은이들도 적지 않다.

연구 능력이 뛰어나 충분히 성공적인 학문적 커리어를 쌓을 만한 사람이라도 궁극적으로 다른 산업체나 공무직이 적성에 더 맞을 수 있다. 그런데 A 교수는 이들에 대해 매우 비판적이었다. 수학 연구에 인생을 바치지 않을 학생을 자기가 지도하는 것은 시간 낭비라고 잘라 말해서 다소 충격을 받았다.

초등학교에서 대학원까지 긴 기간 동안 교육의 목표를 보통 두 가지로 나눠 생각한다. 하나는 사회에 필요한 인재를 키우는 것이고, 또 하나는 학생 자신이 인생을 잘 살도록 돕는 것이다. 이상적으로는 두 가지 목표가 부합하는 것이겠지만 현실에서는 개인과 사회의 필요가 충돌하기도 쉽다. 그런데 A 교수의 반응은 여기서 '사회'의 해석도 다양하다는 것을 보여준다. 즉 사회란 세계 전체 혹은 한 나라일 수도 있지만, 좁게는 '수학자들의 사회' 혹은 '자기 분야 전문가들'일 수도 있어서, 그 작은 사회의 필요가 때로는 더 광범위한 필요와 상충관계에 있기도 하다.

개인과 사회의 관계 혹은 갈등은 정치·철학·문학을 망라하는 광범위한 주제지만 교육자는 그와 관련된 다양한 문제들을 비교적 실용적인 차원에서 만난다. 가령 '영재의 사회성'이 요즘 문제시되고 있다. 여기서 '사회성'은 사회의 필요를 충족할 수 있는 능력과 사회에 적응해 스스로 잘 살 수 있는 능력을 다 포함할 것이다.

사회성 교육의 중요성이 여러 각도에서 부각되고 '사회성이 부족한 영재'에 대한 회의론과 함께 사회성이 인생 성공의 비결이라는 종류의 '연구'도 인용된다. 물론 대개는 사회의 일원으로 인정받는 것이 개인의 행복에도 중요하다.

그런가 하면 세상에 적응하지 못하는 창조적인 기인도 흔하다. 고독과 가난을 감수하고도 창작에만 전념한 예술가를 영웅시하는 위인전도 많다. 어떤 사람에게는 사회적 성공이나 원만한 대인 관계에서 오는 행복보다도 자기에게 주어진 천직이 압도적으로 중요하다. 그 정도로 극단적이지 않더라도 한 사람이 자신과 사회의 요구 사이에서 찾는 평형은 각양각색이다.

학업에 대한 열중이 사회성과 부합하기 쉽지 않음은 많은 학자의 경험으로도 입증된다. 그 어려움을 단적으로 표현하는 단어가 우리나라에도 꽤 알려진 영어 속어 '너드nerd'다. 정확하게 정의하기 어렵지만 미국 사회에서 너드로 분류되는 사람들은 대체로 공부에 남다른 관심을 가짐과 동시에 사회 적응력이 부족한 속성을 공유한다.

컴퓨터 과학자 폴 그레이엄이 쓴 에세이 《왜 너드는 인기 없는가Why Nerds are Unpopular》는 이공계 학자와 교육자 사이에서 꽤 유명하다. 제목이 던지는 질문에 대한 저자의 답은 '너드는 인기를 얻는 데 관심이 없기 때문'이다.

물론 이런 이상한 답을 글자 그대로 해석할 수 없음을 그 자신도 시인한다. 청년 시절 가장 인기 없는 계층에 속했기 때문에 불행했던 그가 인기에 관심이 없었다는 말은 당연히 틀리다고 말한다. 더 복잡하지만 정확한 표현은 '너드는 인기를 얻는 데 필요한 막대한 에너지를 투여할 생각이 없다'는 것이다. 그레이엄은 청소년기의 인기 유지에는 한없는 노력이 필요하고 자기 같은 사람은 그러기에는 공부에 전념하고 싶은 마음이 너무 컸다고 설명한다.

사실 내가 아는 미국 수학 교수의 다수(어쩌면 대다수)가 바로 청소년 시절 너드로 분류되는 고난에 시달렸다. 그러나 그들은 또 지금은 저마다 나름대로 균형

잡히고 성공적인 삶을 살고 있다(다만 '성공적인 삶'에 대한 뚜렷한 기준도 당연히 없다).

자녀의 공부와 진학을 두고 지나치게 걱정하는 우리 가족 문화의 문제성은 자주 지적된다. 그와 비슷하게 다양한 세상의 가능성 속에서 아이들의 사회성에 대한 걱정도 쉽게 과해질 수 있는 것 같다.

2023. 9. 13.

학벌의 불편한 진실

　　영국에서도 한국과 마찬가지로 대학 교육과 사회 불평등의 상관관계가 항상 이슈가 된다. 특히 해마다 대학 입학 시즌이 되면 엘리트 대학의 입학생 중 공립고등학교 학생의 비율을 주요 신문들이 주시하며 발표한다. 최고 엘리트 대학들이라고 생각되는 '옥스브리지(옥스퍼드와 케임브리지)'는 다양한 계층의 학생들에게 기회를 제공하라는 사회적 압력을 부단히 받고, 이를 실천하기 위한 구체적인 전략도 자주 거론된다.

　　그런데 한국에서 보았을 때 약간 의외일 수 있는 면은, 다양한 계층의 학생들이 옥스브리지에 지원하도록 권장하는 '지원 다양성' 정책이 노력에서 큰 비중을 차지한다는 것이다. 전국을 대학 진학률, 평균 소득 등 지표에 기반해서 세분화한 뒤 저조한 지역 학교들을 대상으로 지원을 격려하는 각종 홍보 활동이 펼쳐진다. 그런 지역 학생들이 우선 지원해야 입학생의 다양성을 도모할 수 있는 것은 물론이다.

　　그러나 대학 서열 속에서 현실적으로 자신이 입학 가능한 학교를 세심하게 파악해서 상향 지원하는 사회 분위기는 아니다. 달리 보면 '현실적으로 입학 가능한 학교'에 하향 지원한다고도 할 수 있다. 한국에 비해 이른바 '좋은 대학' 진학을 둘러싼 사회적 압력이 약하고, 상당히 뛰어난 학생도 '옥스브리지는 나에게 안 맞는다'는 결정을 쉽게 내리는 것을 나도 주위에서 자주 목격해왔다. 그 때문에 대학 입학 경쟁이 과열되지 않는 영국 상황을 긍정적으로 평가해왔다.

그 관점에서는 그동안 대대적으로 실행돼온 지원 장려 정책이 이상해 보일 수 있다. 지원한 학생들 중에 잘 뽑으면 되지, 어째서 '너도 옥스브리지에 갈 수 있어' 하며 과도한 경쟁 분위기를 조장하는가? 실제로 내가 얼마 전 동료들에게 던진 질문이다. 그러면서 한국같이 모두가 '좋은 대학'을 지망하는 문화의 문제점을 그들에게 설명했다.

이 말을 들은 한 동료는 상당히 비판적으로 반응했다. 가난한 배경을 안고 옥스퍼드에 진학해서 교수까지 된 그는 약간 놀랍게도 오히려 '한국의 경쟁 분위기가 옳은 것 아니냐' 반문했다. 그의 입장의 핵심은 한국인은 올바른 정보를 가지고 진학 문제를 걱정하고 있다는 것이었다.

그가 주장하는 올바른 정보란 사회 속에서 학벌의 중요성이다. 학벌은 좋든 싫든 사람이 살아가는 데 상당히 중요한 것이 현실이고, 그 현실을 한국인은 직시하고 있지만 영국인은 대체로 '속고 있다'고 그는 설명했다. 그래서 영국의 빈민 계층은 경제·사회적 상승을 시도하지도 않는 패배주의를 대학 선택에서 표현한다는 것이었다.

여러 사회에서 학벌의 중요성을 직접 비교하기는 어렵다. 그러나 영국·미국·프랑스 등에서 좋은 학벌로 얻을 수 있는 엄청난 혜택의 근거를 얼마든지 찾을 수 있다. 영국에는 이 문제를 여러 해 동안 연구해온 '서턴재단'이라는 복지 기관이 있다. 서턴재단에서는 '명문 대학 학위는 사회 계층 상승의 가장 확실한 원동력'이라는 원리를 표명하면서 교육 문화를 개선하는 사회 개혁에 심혈을 기울이고 있다. 몇 년 전에는 '여덟 개 명문 고등학교의 옥스브리지 입학생 수가 하위 4분의 3 학교의 입학생 수와 같다'는 충격적인 연구 결과를 발표했다. 그 외에도 최근 고등법원 판사의 75퍼센트, 정부 내각의 과반이 옥스브리지 출신이라는 통계도 발표했다.

미국은 세계적으로 여러 면에서 불평등이 가장 심한 나라이기 때문에 극단적인 엘리트 교육의 중요성이 별로 놀랍지 않다. 더군다나 엘리트 대학 입학에 기부금 같은 재력이 공공연하게 작용하는 것을 사회적으로 묵인하는 특이한 시스템이다. 따라서 좋은 학벌로 입을 수 있는 극단적인 혜택 또한 헤아릴 수 없을 만큼 많다. 예를 들자면 상위 500개 기업('포춘 500') 대표 중 약 8퍼센트가 하버드대학교 출신이다. 이와 비슷하게 프랑스의 경우에는 비교적 최근까지 가장 큰 회사 40개 대표 가운데 80퍼센트 이상이 단 세 개 대학에서 학위를 받았다는 통계가 있었다. 20세기 후반에 대학 서열이 거의 없어졌던 독일은 2000년대 초반부터 국제적 경쟁력을 높인다는 명목 아래 대학의 서열화를 조장하는 '우수 대학 선정 계획'을 실행하면서 성과가 높은 대학에 주는 혜택을 계속 늘려왔다.

학벌의 사회적 비중을 줄이고 싶은 열망은 많은 사람이 가지고 있다. 그런데 학벌이 지금처럼 중요한 현실 속에서, 국민이 그 사실을 직시하고 경쟁하는 것이 옳다는 주장은 나에게 새로운 관점이었다. 학문의 내적인 가치에 집중하는 학자로서 그런 의견에 동의하기는 당연히 어렵지만 교육과 사회 문제의 복잡다단한 양상을 생각하게 하는 대화였다.

2022. 8. 24.

SF영화 제작비보다 저렴한 화성 탐사

몇 년 전 타계한 시니어 수학자와 1960년대 미국 과학 재단의 팽창에 관해 이야기한 적이 있다. 1960년대는 소련과의 경쟁을 둘러싼 정치적인 상황(특히 1950년대 말 소련의 인공위성 스푸트니크 발사) 때문에 기초 과학의 중요성이 국가적으로 강조되면서 실용성과 다소 거리가 먼 순수 수학에도 기회가 주어지기 시작할 때다.

하버드대학교에서 일하던 그는 연구비에 관한 과학 재단의 홍보를 몹시 의아해했다고 한다. 가르치면서 받는 월급 외에 돈을 받을 이유를 상상조차 할 수 없었던 시대였기 때문이다. 50~60년 전 학자들의 이야기는 이런 것들이 많다. 영국에서 제일 존경받는 원로 수학자 중 하나는 옥스퍼드대학교의 젊은 부교수 시절에 되도록 강의를 많이 맡으려고 했다고 한다. 강의 시수에 따라 월급이 달라졌기 때문이다.

지금은 익숙한 '연구 중심 대학'의 역사를 파악하기는 쉽지 않다. 19세기 초 프러시아에서 빌헬름 폰 훔볼트 같은 인물의 영향으로 연구와 교육을 겸비하는 대학의 구조가 처음 형성됐다고 하지만 그가 창건한 베를린대학교 강사와 교수의 수가 50명 남짓이었다는 사실만으로도 지금과 비교하기에는 어렵다. 그 당시 유럽의 연구자들은 최고 엘리트 몇 명만이 돈 많은 '후원자'의 부조를 받아 학문을 탐구할 수 있었다는 인상을 준다.

역대 가장 뛰어난 수학자로 꼽히는 카를 프리드리히 가우스는 브라운슈바이크 공작 덕에 젊어서 꽤 편한 환경을 즐겼다. 그의 대작 《산술론Disquisitiones Arithmeticae》 초입에 실린 공작에게 헌정하는 글을 읽으면 낯 뜨거운 칭송으로 가득하다. 우리는 이런 사실로 당시 평민 학자의 위태로운 처지를 어느 정도 짐작할 수 있다. 공작이 죽은 뒤 가우스는 30세에 괴팅겐대학교에 취직하지만 연구 시간이 부족하다고 평생 불평한 것으로 알려져 있다.

내가 아는 수학자의 환경은 그때에 비하면 엄청나게 풍요롭다. 대단한 수학자가 아닌 나도 박사학위를 받고 7년 후에 종신 교수직에 임명됐고 그 후 연구비에 대해 걱정한 일이 별로 없다. 이는 내가 특별해서가 아니고 연구가 비교적 활발한 평균적인 학자에게 흔하게 주어지는 여건이었기 때문이다.

〈뉴욕타임스〉에 따르면 미국 대학들이 정부로부터 2023년 받은 연구 지원금은 총 600억 달러(85조 3천억 원)였다. 물가상승률을 고려해 조정한 금액이 1950년대 지원금의 약 30배에 달하는 것으로 추정된다. 지금 내가 일하는 영국은 230억 달러(32조 7천억 원)였다.

현재 트럼프 정부가 대학에 가하는 압력 탓에 이런 자금 조달 모델의 지속성과 정당성에 대한 질문이

잦아지는 분위기다. 정부 지원이 아니더라도 미국 엘리트 대학의 재정은 천문학적인 등록금으로 충당하고(요새 많은 엘리트 대학은 1년 등록금이 8천만 원 이상이다) 사회 부유층에 대한 의존도도 높다. 이런 재정 의존이 낳은 파급 효과는 2024년부터 특히 관심의 대상이 됐다. 가령 팔레스타인 분쟁에 관한 시위에 불만을 가진 기부자들의 압력이 하버드대학교 총장의 사임에 큰 구실을 했다.

  대학이라고 진리를 강하게 옹호할 것이라고 기대하는 것은 순진한 발상이다. 예로부터 권력이나 부와의 이해관계에서 대학들은 여러 복잡한 결정을 내려왔다. 예를 들면 1940년대에 공산주의자는 교수가 되면 안 된다는 결의를 총장을 비롯한 대다수 하버드대학교 교수들이 표방한 일도 있었다.

  과연 건전한 학문 문화를 유지하고 발전시키는 데 필요한 연구비의 수준은 얼마일까? 수학자인 나는 섣불리 판단할 수 없다. 대규모 정밀 실험에 의존하는 과학에 견줘 나의 연구는 아주 적은 비용을 필요로 하기 때문이다. 그러나 세상에는 실로 놀랍게도 돈을 절약하는 연구도 가능하다.

  2024년 인도 벵갈루루에 있는 천문학 박물관에서 대중 강연을 한 일이 있다. 그때 우주항공 공학자 출신의 관장이 인도의 우주 프로그램에 관해 설명했는데 가장 인상적이었던 점은 비용이었다. 인도의 화성 인공위성 프로젝트에 들어간 돈이 약 7,400만 달러

(1,051억 원)로, 할리우드 영화 〈그래비티〉의 제작비보다 적었다고 그는 당당하게 자랑했다.

트럼프 정부의 기괴한 압력이 미국 학계에 비상사태를 초래한 것은 참으로 안타까운 일이다. 그럼에도(혹은 그 때문에) 적어도 수학계에서는 전 세계적으로 연구비에 의존하는 지금의 체제를 재검해볼 기회가 아닌가 하는 생각도 든다.

2025. 4. 30.

설명하기와 보여주기

　19세기 프랑스의 인상파 화가 카미유 피사로의 큰아들 뤼시앙이 피사로와 그의 수제자 폴 세잔 사이의 관계에 관해 쓴 글이 있다. "세잔은 오베르에 살면서 아버지와 일하기 위해서 3킬로미터씩 걸어오곤 했습니다. 그들 사이에 이론적인 대화는 끊이지 않았고 두 사람은 팔레트 나이프를 함께 사서 작업을 같이하기도 했습니다. 어느 날 아침, 아버지는 들판에서 그림을 그리고 있었고 세잔은 풀밭에 앉아 아버지를 쳐다보고 있었습니다. 농부가 지나가다가 아버지에게 이렇게 귀띔했습니다. '저기 앉은 당신의 일꾼은 별로 열심히 일하지 않는군요.'"

　미술평론가 클라크는 이 글에서 세잔의 배움 과정을 읽어낸다. 우선 두 사람의 창의성에 많은 말이 필요할 만큼 지적인 이해가 중요했다는 점을 강조한다. 특히 그 당시 두 사람의 아이디어 교환은 20세기 미술의 원동력이 되는 큰 조류를 일으키는 작업이었기에 회화의 본질, 인식의 의미, 세상을 이해하는 각종 방법론에 관한 풍부한 가설과 반론이 오갔을 것으로 짐작할 수 있다.

　그런가 하면 글 후반부는 회화의 근간에 말이 필요없다는 현실을 보여준다. 즉 수많은 직관과 사고와

행위의 알맞은 조화 속, 창작력의 성장에는 대가의 작업을 유심히 살펴보며 조용히 배우는 시간이 필수라는 것이다.

그러면서 클라크는 농부의 오류 또한 지적한다. 세잔이 피사로를 관찰하는 것은 단순히 수동적인 행동이 아니라 사실은 상당한 집중력을 요구하는 피곤한 일이었다는 것이다. 능동적인 학습의 중요성이 부각되는 현시대에 그냥 보고 듣기만 하는 것 같은 시간의 다양한 잠재력을 시사하는 재미있는 대목이다.

이 이야기는 보편적인 교육론과 쉽게 연결된다. 평범한 교실 안에서도 설명과 시범의 적절한 배합은 끊임없는 심사숙고의 대상이기 때문이다. 어린아이가 행동과 사고의 기초를 배울 때도 이 복잡한 평형은 연속적으로 작용하고, 배움의 단계와 종류에 따라 변하기도 한다.

예를 들어 걸음마에 자세한 설명이 필요한 경우는 거의 없다. 말을 배울 때는 때때로 설명이 유용하지만 사실 어른들을 그냥 보고 배우는 것이 대부분이다 (언어 습득의 효율성을 그것만으로 기술할 수 없기에 일종의 '언어 본능'이 매우 중요한 역할을 한다는 것이 20세기 중반부터 전개된 촘스키 언어학의 기본 전제다). 그런데 성인이 돼서 외국어를 공부하면 별수 없이 질서 정연한 설명의 역할이 커진다.

내가 수십 년 동안 대학에서 수학을 가르치는 동안 접한 학생들의 피드백도 설명과 시범의 접점에 관한 것이 많았다. 때로는 '문제 푸는 것을 보여주기만 하고 어떻게 하는 것인지 설명을 안 한다'라는 말도 있었고 '이론만 설명하고 예를 충분히 보여주지 않는다'는 불평도 있었다. 설명과 시범의 배합이 학생에 따라서도 바뀌어야 한다는 것이 또 하나의 난점이다. 그것은 성격의 차이 때문일 수도 있고 자질의 영향도 있다.

  몇 년 전 피아노와 바이올린의 대가 두 사람과 함께 음악 교육에 관해 의논한 일이 있다. 둘은 이 문제에 아주 상반된 관점을 가지고 있었다. 바이올리니스트는 자세한 설명과 체계적인 이해를 중시하는 반면 피아니스트는 '보여주는 교육'을 재차 강조했다.

  나중에 다른 전문가에게 이에 관해서 물어보니 그는 피아니스트가 한 번 보여주기만 하면 금방 습득해버리는 굉장한 자질의 소유자라는 관점에서 차이를 설명했다. 현대미술의 대부인 세잔 역시 피사로에게 자질이 넘쳐나는 '이상적인 제자'에 가까웠을 것이다.

  클라크는 뤼시앙의 글을 이성적인 이해와 능동적인 관찰력의 입장에서 간략하게 설명한다. 그러나 풀밭과 하늘과 햇빛이 섞이고 농부가 참여하는 야외 교정에서 일어난 학습 이야기는 몇 마디로 묘사하기 어려운 그림과 같은 특징이 있다. 그 때문에 이 에피소드는 거의 영적으로밖에 전해질 수 없는 무한한 요소들로 이루어진 배움의 길의 복잡다단한 구성을 암시하고 있다. 몇 가지 방법론으로는 교육이라 불리는 사람의 형성 과점을 포착할 수 없다는 딩연한 신리가 누 화가의 만남 속에 녹아 있는 것이다.

    2023. 12. 27.

비판적 사고의
딜레마

　　미국 뉴욕에서 조교수로 지내던 젊은 시절에 재미 삼아 학교의 계절학기 수업을 몇 차례 수강한 적이 있다(교직원에게는 학비가 면제됐다). 그중 하나가 스페인어 강좌였는데 성인이 돼서 외국어를 기초부터 배우는 것은 상당히 특이한 경험이었다. 문구와 문법을 익힐 때 직관적인 습득보다 의식적인 학습에 의존했고, 언어의 여러 면모를 체계적으로 이해하고자 하는 어른 특유의 욕망이 때로는 도움됐고 때로는 방해됐다.

　　스페인어를 전공하는 박사과정 학생이 담당 교사였던 그 강좌는 전체 학생 수가 일고여덟 명에 불과해 오붓한 분위기에서 수업이 진행됐다. 학생들의 출신 배경도 다양했다. 미국 학생 몇 명 외에 아랍권 출신, 캐나다 출신, 중미인 2세, 그리고 동양인도 한 명 있었던 것으로 기억한다(잡담이지만 그중에는 유명한 지식인 에드워드 사이드의 딸도 있었다).

　　남의 약점을 기억해내는 것 같아 미안하면서도 교육적인 관점에서 지금까지 종종 생각나는 학생이 하나 있다. 대화를 계속하며 변증법적으로 수업이 진행됐기에 학생들의 능력을 모두가 어느 정도 파악할 수 있었는데, 마이크는 유달리 고생하고 있었다. 성적도 가장 저조했을 가능성이 크다.

인종·문화적 신입견으로 판단하자면 마이크는 가장 '미국적'인 학생이었다. 피상적으로 보기에도 그야말로 평범한 미국인의 모습이었다. 마이크가 고생한 이유를 하나만 꼽으라면, 비판적인 사고를 철저하게 활용하면서 너무나 많은 질문을 했다는 점이다. 교육자이자 연구자로서, 그때나 지금이나 질문을 굉장히 중시하는 나로서는 이상한 판단이라는 생각이 든다. 하지만 바로 이런 모순이 배우는 과정의 복잡성을 조금 더 깊이 이해하게 했고, 단순하게 좋고 나쁜 것은 거의 없다는 교훈을 지금까지도 되새기게 하는 하나의 계기가 됐다.

마이크의 질문을 예로 들어보자면 이런 것이다. 그는 스페인어의 각종 규칙에 관해서 '왜 그렇게 하는가'를 자꾸 물었다. 대표적인 경우가 전치사 'a'의 사용이다. 스페인어에서는 사람이 목적어로 나올 때 그 목적어 앞에 뜬금없이 'a'가 나타난다. 즉 '공을 보았다'는 'vi la pelota'지만 '그 여자를 보았다'는 'vi a la mujer'가 된다. 이보다 훨씬 평범한 규칙에 관해서도 마이크는 '왜 그러냐, 이상하다'는 식의 반박이 잦았다. 심지어 발음까지도 영어와 많이 다르면 반발하는 경우도 있었다. 좋게 해석하자면 당연히 자신이 알고 있는 지식에 비춰 새로운 지식을 정확하게 습득하고 싶었던 것이다.

그러나 언어 공부를 해본 사람은 누구나 이런 상황에서 '왜?'라는 물음의 한계성을 잘 안다. 별 의문 없이 그냥 따라 해보고 익숙해지는 포용력이 체계적인 공부와 같이 어우러져야 낯선 어휘들이 몸과 마음에 배어들기 때문이다. 마이크는 모든 것을 항상 꼬치꼬치 캐묻는 습관 때문에 고전을 면치 못했다.

교육에서 비판적 사고는 누구나 중요시한다. 특히 지금처럼 데이터가 넘쳐나는 시대에는 자기 선입관을 강화하는 근거일수록 비판적으로 보는 습관을 들여야 견고한 세계관이 형성된다. 그러나 마이크의 경우처럼 비판적 사고와 사물의 이치를 '왜'라는 질문을 통해서 파헤치는 습관이 오히려 학습을 방해할 때도 있다.

이것은 연구에서도 나타나는 어려움이다. 나처럼 수학과 물리학의 경계에서 일하는 사람은 수학의 엄밀성이 역동적인 연구에 방해가 된다는 사실을 분명히 안다. 내가 아는 뛰어난 이론물리학자 중 한 명은 '수학에 비해서 물리학은 각개전투'라고 표현하곤 한다. 많은 계산을 덮어놓고 해보면서 패턴을 차차 익히는 능력이 물리학자에게는 절대적으로 필요한데, 수학자처럼 명료한 논리와 분명한 근거를 요구하는 사고만 고집하면 직관과 창조력을 발휘하지 못한다는 이야기였다.

그렇다면 질문은 어느 수준으로, 어떻게 던져야 배움에 가장 도움이 될까? 이 역시 상당히 난해하지만 다양한 부류의 학생과 교류해야 하는 선생에게는 더없이 중요한 질문이다.

2023. 11. 22.

세상은 아름다운 난제로 가득하다

1판 1쇄 인쇄 2025. 9. 24.
1판 1쇄 발행 2025. 10. 2.

지은이 김민형

발행인 박강휘
편집 심성미 · 김지수 | **디자인** 박주희 | **마케팅** 김새로미 | **홍보** 이한솔 · 강원모
발행처 김영사
등록 1979년 5월 17일(제406-2003-036호)
주소 경기도 파주시 문발로 197(문발동) 우편번호 10881
전화 마케팅부 031)955-3100 편집부 031)955-3200 | **팩스** 031)955-3111

저작권자 ⓒ김민형, 2025
이 책은 저작권법에 의해 보호를 받는 저작물이므로
저자와 출판사의 허락 없이 내용의 일부를 인용하거나 발췌하는 것을 금합니다.

값은 뒤표지에 있습니다.
ISBN 979-11-7332-366-9   03810

홈페이지 www.gimmyoung.com   **블로그** blog.naver.com/gybook
인스타그램 instagram.com/gimmyoung   **이메일** bestbook@gimmyoung.com

좋은 독자가 좋은 책을 만듭니다.
김영사는 독자 여러분의 의견에 항상 귀 기울이고 있습니다.